D o n g f a n g L u n C o n g

東方論叢

2

主编　单小曦

理论符号学研究
传媒符号学研究
诗歌符号学研究
小说符号学研究
影视符号学研究

GUANGXI NORMAL UNIVERSITY PRESS
广西师范大学出版社
·桂林·

图书在版编目（CIP）数据

东方论丛. 2 / 单小曦主编. —桂林：广西师范大学出版社，2011.12
ISBN 978-7-5495-1125-9

Ⅰ. 东…　Ⅱ. 单…　Ⅲ. ①社会科学—文集②符号学—文集　Ⅳ. ①C53②H0-53

中国版本图书馆 CIP 数据核字（2011）第 267889 号

广西师范大学出版社出版发行
（广西桂林市中华路 22 号　邮政编码：541001
网址：http://www.bbtpress.com）
出版人：何林夏
全国新华书店经销
桂林日报印刷厂印刷
（广西桂林市八桂路 2 号　邮政编码：541001）
开本：880 mm ×1 240 mm　1/32
印张：7.125　　字数：200 千字
2011 年 12 月第 1 版　　2011 年 12 月第 1 次印刷
印数：0 001~1 000 册　　定价：22.00 元

目　录

诗歌符号学研究

小说符号学研究

影视符号学研究

符号学专辑导言

◎ 赵毅衡

《东方论丛》的编者，如专心致志注视苗圃的农学家，看到在符号学这方新的田地上，嫩绿的苗正在从地面升起，编者慷慨地愿意以一个专辑的篇幅，欢迎这个学科的到来：符号学在中国正在立足，正在开始扮演她应当扮演的角色——文科的公分母。《东方论丛》给符号学一个展出的机会，可谓目光如炬。

本期的15篇论文，作者都是团聚在四川大学"符号学－传媒学研究中心"周围的青年学者。这个"中心"成立于2008年，至今已经团聚了一批中青年教师在它周围，培养了一大批符号学－形式论的博士到各高校任教，已经形成了世界符号学运动的"中国西部学派"。因此，我们非常感激《东方论丛》给我们这个机会，展示这个学派的一部分成绩以供大家检阅，并向国内外同行求教。

符号学－传媒学是近半个世纪发展最迅速的人文学科：符号学研究人类（以及非人类）的一切表意行为，尤其注意文化表意行为；传媒学研究人类如何运用符号进行社会信息交流，注重传媒过程的发生、发展的规律以及传媒与人和社会的关系。这两门学科在理论和实践上紧密关联。

中国是符号学全世界最早的发源地：先秦名学（墨子名辩论、道家意言说、儒家正名说、名家学说）已经深入研究符号学诸课题，佛教哲学也对符号学研究作出了巨大贡献。当代社会文化的迅猛发展，对符号学提出了新的要求。

传媒研究在当代全球文化中地位越来越重要，而作为传媒研究各分科理论基础的符号学，已经成为一门日益复杂的学科，越来越多的哲学家、文艺学家、文化学者、影视学家、传媒学家、新闻学研究者、媒介学研究者、市场与广告研究者参与到这个方向的研究中来。

目前全世界各大学有几十个符号学研究中心，有四十多份刊物/网刊。中国在符号学研究上，落后于传统文化大国，也落后于瑞典、芬兰、丹麦、意大利、西班牙、日本、印度等重视学术的欧亚国家。无论为继承传统，或是开发学术资源，中国都没有理由落后。

四川大学"符号学—传媒学研究中心"设在文学与新闻学院内，因为符号学与传媒学（包括其分支叙述学，以及抽象思维方式形式论）的研究对象涵盖整个文新学院的研究范围：文化理论、艺术理论、文学理论、比较文学、语言学、人类学、传播理论、广告理论、影视理论等。但是符号学—传媒学的理论涵盖面，超出文新学院之外。在各学院的系科中，哲学，信息论，认知科学，教育学，社会学，心理学，文化研究，商品经济研究，市场研究，城市规划、设计研究，计算机研究，游戏机设计，生态学，旅游研究，动漫研究等系科，均有学生对符号学—传媒学感兴趣。本专辑选题设计的范围之广，清楚地证明：符号学是文科的任何学科都能得益的总方法论。

本专辑分成几个部分，目的是尽量展示符号学能覆盖的范围，至少是西部学派同仁们正在占领的阵地。

1. 理论符号学。我们把纯粹理论的探讨，放在本专辑的开始部分，目的是让本专辑的读者一开始就有一个比较清晰的领域概念。

符号学理论多源头、多门派、多学科交叉,很容易走迷路。经过一百多年的发展,符号学解决的问题很多,打开的新的问题域更多,留下待解决的空白更多。在这个部分,我们选用了周劲松对著名符号学家迪利的欧洲认识论发展过程研究的论述,采用了冯月季对历史哲学家福柯的符号观的介绍,以及王冠对美学家朗格的符号艺术学的研究。

2.传媒符号学。这个领域是当前文化迅猛发展的天地。本辑有饶广祥和蒋诗萍的"广告符号学"论文,广告是当今社会一个奇特的文化现象:没有广义的广告,这个社会几乎无法运转。我们对于广告的研究,都是实用性的,集中在实际操作层面。用符号学把它理论化,将是当代文化理解自己的重要一步。本辑还有宗争的"游戏符号学"理论:这不是游戏房里热火朝天、游戏者废寝忘食的事情,而是当代社会文化体制运转的中心。但是我们对当代人在游戏中获得的意义完全缺乏理解。张洪友的神话研究,则展示了符号学的一个重要方向,即文化的神话,以及神话的文化:没有神话,任何文化都不可能成立。

3.诗歌符号学。文学是符号学的"出身地"。今日的符号学虽然远远越出了文学批评的疆界,但是符号学家至今关心文学批评。本专辑有好几篇集中于文学研究中最难形式化的诗歌研究:乔琦对里法泰尔诗歌符号学的评述,马文美对于坚诗歌的细读分析,张颖应用克里斯台娃的精神分析符号学理论,对李贺的名作《李凭箜篌引》作出的分析,都让人耳目一新:依然是文学批评,但是符号学的方法,给了文学批评全新的一副设备、一套观念。

4.小说符号学。在这一部分中,还有文一茗对《红楼梦》的分析,为有几百年历史的"红学"开了新天地,可见在符号学的阅读中,经典依然是经典,是更加令人信服的经典。而孙金燕对武侠小说的分析,处理的是几乎完全另一个极端:俗文学在符号学的眼光下,出乎意料地五彩缤纷。这个经常被视为消遣文体的作品集群，建造了一个令人炫目的符号世界，让人陶醉其中，揭露出普通中国人并不自觉的精神渴求。

5.影视符号学。这个时代已经是视像时代，影视已经成为文化交流的重要媒介，而符号学几乎成为唯一的电影理论，这个体裁似乎比文学简单而直截了当，却又复杂炫目得令人不知如何下手分析。这个部分我们选用了刘吉冬对"网传电影"场域问题的研究。其研究表明，只有符号学能从它的几乎直观的表意方式，进入电影复杂的文化关系。

在如此有限的篇幅中，我们只能对符号学理论某些特别有意思的部分稍作介绍，而不可能全面介绍我们"中心"同仁的符号学观念。但是我们是有一定的工作方向的，在争辩中我们试图走向一个综合、独特的理论体系。要达到这个目的，我们自己的不懈努力固然必要，也请各位读者给予指正。一门学科的诞生，固然需要培育保护，但这门学科的成长，不能光靠风调雨顺，还必须经受风雨的锻炼。在这一点上，我们期待同行读者不留情面的批评。《东方论丛》的这个符号学专辑，已经呈交给你们，我们——包括每位作者，都急切地等待你们不留情面的挑战，这是我们想听到的最悦耳的掌声。

赵毅衡：四川大学文学与新闻学院教授，博士生导师，符号学—传媒学研究中心主任。
Zhaoyiheng2011@163.com

哲学的符号学透视

◎ 周劲松

符号学的发展在今天已经蔚为壮观，诸多学科中，使用符号学观点从事学术梳理，利用符号学理论从事现象研讨，可谓不胜枚举，符号学的跨学科特性和强劲的阐释力量亦正在此得到彰显。

然而，随着符号学越来越多地伸展到诸学科内部，甚至被径直认为是该学科之固有的某种面相，为符号学这门学科自身带来的却是频频遭遇的身份尴尬：一旦将符号等同于任意存在物或对象，将一切对象都定位为符号对象，则不仅模糊了符号学研究与思想研究、文化研究的界限，而且可能让符号学被讥为“浅薄的兼并主义”，让符号成为一个空洞的“百搭”效用的名词。

对此，中国学者是有着警醒的。李幼蒸先生就尤其强调理论符号学研究的重要性，在他的专著《理论符号学》中，他把对符号学史的研究当做符号学研究的重要组成部分和发展方向，指出：“当一门学科的基础、体系、功用、方法尚未成熟前，有关该学科的历史探讨永远是重要的和适切的，因为人们需要从该学科形成史的根源处不断观察和总结问题所在和可能方向。这正是符号学思想史研究的意义所在。”①而正如学者所见，符号学作为一个学科，其发展至今仍处于"前科学时期"②，因此，从这一角度看，对符号学史的梳理和构建，不仅有助于谱系学上的厘清，而且因为有资借鉴而更能成为鼓舞我们前行的动力机制。

在这一意义和前提下，美国符号学家约翰·迪利于新世纪之初的著作《认识的四个时期：从古代到21世纪初哲学的首次后现代性通览》(*Four Ages of Understanding*: *The first postmodern survey of philosophy from ancient times to the turn of the twenty-first century*)的出版，可谓符号学研究中的一个里程碑事件。

一、作为哲学家、符号学家的迪利

按照薛忆沩先生的说法，符号学在中国要取得真正长足的发展，必须打破历史和现实两个困局。历史的，是中国的学术从来畏惧认识论问题，常常轻易满足于价值的取舍，对意义不敢追问。而现实的，是"因为学术界对当代国际符号学运动的无知"，因为"中国学者在有心用符号学来包装自己的时候，通常到不了当代，也到不了皮尔斯和巴特，而往往停留在卡西尔"。当代国际符号学运动，兴起于对皮尔斯的发现，得益于以巴特为代表的法国思想家的文化批评展示，而这个运动最终形成规模则归功于两个标志性人物——意大利人艾科(Umberto Eco)和美国人西比奥克(Thomas. A. Sebeok，1920—2001)。"我们可以说，没有艾科就没有符号学的显赫，没有西比奥克就没有符号学的丰满和扎实。了解这两个人的工作和成就是走进当代符号学的必经之路。"③

西比奥克是印第安那大学的国际语言与符号学中心主任，国际符号学会会刊《符号学》(*Semiotics*)的主编，主编过当代符号学运动中几百种英文著作。正是得益于他的影响力，印第安那大学出版社出版的符号学大型系列丛书在全球符号学界享有盛誉。在2010年的著作《共时性观照中的符号学》(*Semiotics Seen Synchronically*)中,迪利认为,正是西比奥克的组织、编辑和文献工作,使得作为当代知识文化现象的符号学取得了稳固地位。而迪利本人,作为美国当代重要的,也许是继西比奥克之后最重要的符号学家,和西比奥克之间有着亦师亦友的关系。1975年,他同西比奥克共同组建美国符号学协会,并亲自担任协会章程的起草人;1993年,他荣获"西比奥克奖"这个美国符号学协会最高荣誉;2001年,迪利担任美国符号学协会主席。此外,在西比奥克去世后,迪利更是远赴西比奥克故乡爱沙尼亚塔图大学讲授符号学,可谓真正继承西比奥克衣钵,不遗余力地继续推动符号学在美国、在全世界范围的全面发展。

迪利和西比奥克在学术上的共同点在于,二者都认为,皮尔斯式"符号学"(semiotics)才是适切的学科名称,而索绪尔式"符号学"(semiology)只是针对符号学中以人类为中心的那部分。他们都认为,符号学活动应该是超越文化疆界,包括有生命之物的整个领域,因此,他们更愿意使用"生物符号学"(biosemiotics)这个名称。如果说,西比奥克和迪利的工作相似之处在于他们都以"符号学活动"(semiosis)作为基点,共同致力于符号学视野的拓展,让符号学长足伸入"生物符号学"、"符号伦理学"等幅员辽阔的学科疆域,让"语言符号学"这个名称变为明日黄花,那么,迪利的锐意进取中还不乏一种通贯整个认识论发展史的符号学检视立场,其学术特色也正是在这种符号学与哲学的交叠之处得到最深刻的凸显。

二、迪利对符号学史的后现代性勾勒

《认识的四个时期:从古代到21世纪初哲学的首次后现代性通览》是一部具有文献和研究双重性质的博大著作,迪利自云:"本书是对哲学在相关从古代到现代的‘对理解的理解’(the understanding of understanding)的总览。它既是哲学史的参考性工作,也是对未来研究的指引——一本历史、哲学和广义的人文学科的‘查询手册’,包括历史学家和科学哲学家。”④

迪利的工作是 metasemiotics 性质的。一方面,meta 有“元”的意思,所以在这部上千页的巨著中,迪利从对符号概念的追根溯源开始,把人类的哲学认识划分为四个时期,即古代哲学时期、中世纪、现代阶段以及后现代时代;另一方面,按照更精细的考察,meta 更具“后设”之内涵,所以这部巨著有个醒目的副标题:“从古代到 21 世纪初哲学的首次后现代性通览”。

一部哲学史是一种从事哲学的方式,甚至是提供一个引导文本的方式,其目的之一就是帮助读者理解当前的知识状况,给予读者某种启迪——我们怎么走到这里,从这里我们将走向何方。哲学史家罗素曾经说过:哲学家们是其所处时代的果,也可能成为塑造未来的因。迪利也坚持认为,如果一切历史都是当代史,正如所有的阳光都是今天的阳光,太阳光线无数,而实际落到我们身上的,则取决于我们在时空中所处的位置。

今天的我们,正处在现代和后现代之间的分界线上。“如果有个概念对于新兴的后现代意识至关重要,那么这个概念就是符号概念。而为了理解这个概念,没有什么比一种新的哲学史更为根本。”⑤为了前瞻未来,我们必须有所回顾,迪利的眼光深邃,竟然把当代符号学充分放置于作为整体的哲学史视野和语境之中,以求展现从它在古希腊爱奥尼亚的源起到其新近成长为符号学的整个历程。

“符号学”(semiotics)这个术语来自希腊单词 *δημειον* 的词根部分,该部分翻译到英文中即“sign”(符号)。然而,就其本身,*δημειον* 在希腊语中根本不表示如我们今天的讨论所针对的、普遍意义上的

"符号",只表示极其专门的符号形式,尤其是那些同卜筮相关的符号形式,包括名声不佳的神谕、宗教卜筮,以及更为正面一些的医学和水文学中的科学预测,换言之,在古希腊人那里,本体论和认识论宛如一硬币的两面,而哲学对存在的最初探索,便开始于对二者之间交缠纠结关系的认识。此可谓符号发展的前符号学阶段,其关注的核心在于"事物"(things)。

改变古希腊人"自然符号"这种原初含义的,是希波的奥古斯丁(Augustinus Hipponensis,354—430)。事实上,由于奥古斯丁不懂希腊文,他错误地领会了 *δημειον*,但历史吊诡的是,"正因这种无知之幸,他(奥古斯丁)开始谈论总体性的符号,在总体观念这个意义上的符号……提供了一个主题,让针对它的深入调查研究成为一种值得的自然和文化现象"[⑥]。符号,作为总体观念的符号,或者皮尔斯所谓"普遍的存在模式"(general mode of being),于是成为符号学遗产中头等的、根基性的要素,它标志着符号学意识的真正觉醒,其中人们关注最多的,是符号的"存在"(being)问题。

从古希腊人的"自然符号"或 *δημειον* 过渡到奥古斯丁的"总体性符号"或 signum,我们从希腊哲学的花季来到"黑暗的中世纪"。

每一现代哲学史都本质性地关注现代意义上的科学从哲学中的分出,尤其是在 17 世纪以及 17 世纪之后。从这个观点看,拉丁世纪后期的许多持续的哲学发展会不在人们视线之内。我们已经习惯性地以笛卡尔作为起点来描述和呈现现代哲学,单纯地将其当做与拉丁传统的科学决裂的组成部分。拉丁人提出而且澄清了关于符号的总体性概念,在这之后现代性登场,这是朝向理解客体的一种新的方式。就这种面向客体的新方法导致"共识性知识"(coenoscopic knowledge)从主题和建制上对迄今为止的关于人类理解的崭新事业的确立只能是以"实验性知识"(ideoscopic knowledge)的方式确立而言,现代性可谓成功。然而,在刻意将自己同拉丁传统区别开来的过程中,现代哲学企图让自己同现代科学这项事业结盟换来的是更痛苦的貌合神离:它仅仅是尴尬地,甚至是不自觉地认识到——迪利引用史蒂文逊的著名小说为喻,警告我们说——杰基尔博士的内心深处还有着海德先生!

三、修正地图:符号学对哲学的冲击

从梳理"符号"概念历程这一角度,迪利又把认识的四个时期表述为:符号概念的开端;概念本身的发展;概念的遗忘;概念的复苏和发展。普安索(John Poinsot,1589—1644)正是这一脉络上最关键的一位。

在为迪利的著作《符号学引论》所作的序中,西比奥克曾高度评价迪利对普安索的发掘,称其寻见了"符号学发展史中古代和现代之间遗失的链环"[7]。在迪利所勾勒的认识论发展体系中,"普安索是标志通向拉丁中世纪哲学之夜的晚星。但是,他在这些问题上的立场,使得他成为由皮尔斯将之带到黎明的后现代的晨星"[8]。在普安索时代(16世纪末17世纪初),客体与事物以及作为所指的客体身份,其间的区别是用物质性关系和符号关系之间的区别来阐释的,前者原则上连接着两个主体,或者说,这些关系是"主体间性的"(intersubjective),连接着两个或多个物质性存在的要素,后者原则上最低连接着三个要素,其中至少有一个(即客体所指)不必是物质性存在,或者不是按照将其作为物质性存在加以再现那种方式。对此,普安索表示,如果认知能力被认为是一个以间接方式抵达的终端,那么表意和认知能力就是由单独的符号关系达成的,这种关系正是符号真正的、正式的理由。这种表示,换成后世的、20世纪初的皮尔斯更精练的说法,即符号关系是不可化约的三元关系,而物质性关系则只是二元的。因此,普安索的立场或贡献,在于他清晰地阐释了符号是关系本体论的组成部分,正是他关于关系的超主观性这一认识,使他超越了中世纪关于"真实存在"(ens reale)与"理性存在"(ens rationis)之间的纷争——作为关系的符号,能够存在于两个领域之中,因而能够通过(作为理性存在的)表意活动捍卫客体同(作为真实存在的)真实事物那种联系。

从盛中世纪直到笛卡尔时代,通过在书中梳理一系列重要而不为人所熟悉的13世纪双方的争论,迪利发现了关于符号鲜活而连贯的讨论:拉丁世纪结束之时,一方面,是一些人们认为关于符号的普遍概念是一个空洞的名字,一种唯名论而已,不过是一个"理由关系"(relation of reason),一种"理性存在"(ens rationis);另一方面,另外一批人则能够在对关系的理解中,根据变动的情形,把这个基本概念奠基成一种独特的、超主观的存在模式。现代哲学忽略了普安索那种思路,一路向着被迪利称为"理念之路"(the way of ideas)的死胡同狂奔,这代表着偏离了普安索所勾勒的"符号之路"(the way of signs)而堕入歧途:符号之路是通往唯实论的道路,理念之路抵达的是知者和现实之间不可逾越的裂隙。

不幸的是,不仅笛卡尔让我们没入怀疑之海,康德也并没有把我们拯救出来:无论笛卡尔还是洛克,理性主义者和经验主义者都开始于这种设想,即在精神活动之中并由精神活动所形成的再现正是意识的诞生,如果的确如此,那么,在其依赖头脑的方面便无从走出客体,便没有路径从客体走进"真实存在"(ens reale)作为其组成部分的结构,便没有办法断定就其性质上与人类信念相悖或与之无关的对"在"(ον)那种惴惴不安的把握是否合理:理性主义者或经验主义者双方,都从来没有充分和明确地意识到这一后果。就早期的现代奠基者们的确意识到这一后果的程度而言,笛卡尔和洛克两人都尽其整个的思辨天赋作出规避,所以,在康德看来,对这种现代设想进行系统化而且毫无芥蒂地拥抱它，这种殊荣已经失落，其他人只是徒劳无功地试图围绕其后果做些工作罢了。所以说，“现代唯心论的典型特征，正是把从头脑到自然的通道变成‘无通道’，而康德根本没有改变这种状况”[9]。不过，康德之所以无从改变，正在于康德哲学本质上就是现代的，彻头彻尾地是现代的。如果康德思想的蕴含在后现代框架中不管怎么说都不可接受，那恰恰是因为它们彻底的现代特性。

现代哲学家们似乎都陷于沉思而不是修复这道“张开的裂隙”。不过，美国哲学家、符号学家皮尔斯（Charles Sanders Peirce，1839—1914）为我们带来了不同的东西，因为“皮尔斯最终动摇了现代性面貌的双支架结构，即人脑除首先是由自己建构起来的东西之外别无所知。其二，现代性之前的人，尤其是中世纪经院哲学家，对于哲学这里和认识的探求无所贡献”[10]。通过发掘普安索符号关系本体论的意义，皮尔斯让普安索的烛火真正发展成了后现代的黎明，迪利因此称皮尔斯从拉丁人那里复苏 signum 标志着哲学中一个新时期的开端。从奥古斯丁之最初提出总体性符号观，到普安索那里得到专门研究和证实，“我们看到的是一道炽热的符号风景，它伴随符号所专属的本体性的相对存在之中的有机统一，超越自然与文化、内在与外在这种分野，在其场地上来回运动，像羽毛球一样，而且根据不断变化的认识环境编织出经验之网，同时它滋养并维系意识和习惯在个体心中的成长，它超主观地为个体们所享有，构成我们以另一种方式称之为‘历史’那种东西背后和其中的现实”[11]。

四、“符号动物”：皮尔斯的后现代性

皮尔斯是第一个具体体现出只身就能构成哲学中“后现代”那

种东西的真正新精神的人,“后现代”绝非鼓噪代表着虚无的喧哗与骚动的一个空洞的时髦用语。对哲学而言,符号学所证实的,既不是前现代问题(尽管它汲取了古代关于关系的讨论以及中世纪关于符号的讨论),也不是现代问题,准确地说,从其肯定性本质上,是一个后现代问题。拉丁人首先提出并随后澄清了关于符号的总体性概念,在这之后现代性登场,这是朝向理解客体的一种新的方式,不过仍未达到关于客体预设了符号这种进一步的认识,实际上,这种方式最初的发展与这种认识所包含的内容是相反的。这种面向客体的新方法促使实验性知识在主题和建制上成为人类理解的崭新事业——此前它只在共识性知识方面得到确立,就此而言,现代性可谓成功。然而,迄今为止现代性仍误将新科学当做仅仅是换了一种方式的旧的自然哲学和形而上学,这不能不令人遗憾,幸而最终,后现代性的曙光到来,符号(signum)在皮尔斯这位值得与亚里士多德和阿奎那并称的第一位美国哲学家的著作中复兴。的确,皮尔斯跻身最后的现代人之列;但更重要的是,他是后现代人中之第一人,因为笛卡尔之后(黑格尔是部分例外),他第一个揭示并专题论述,在客体世界范畴中,包含了某种自身也具有的自然的物质性存在的东西——第二性(Secondness),它无比接近却又漫不经心地游弋于人类信念与观察体系之外。

古代和中世纪哲学大体上是“唯实论”性质的,但是却无力专门性地分辨只在知识中如此这般存在的“对象”(objects)和不依赖人的知道与否都存在的“事物”(things)。和这一取向相互伴随的对人类的认识,是按照“理性动物”(rational animal)这一原则表述的。现代哲学认识到,知识中存在的对象,同无论知道与否都存在的事物,两者之间是有所区别的,但为此所付出的代价,是无力显示事物本身也能够是对象。随着对象与事物的现代性分野的确立,对人类的认识开始按照“思维的事物”(thinking thing)进行表述。哲学,当其通过重新发现和推进在普安索17世纪的作品中得以系统化了的拉丁时期的符号学意识，变成了“后现代”性质，对此我们可以理解为，通过符号行为，对象和事物是彼此交织在人类经验之中的，而人类经验则并非唯实论与唯理论之间的现代性对立所能囊括。从这一后现代视野出发，人类的认识便准确地在“符号动物”(semiotic animal)这一原则中得到了表述。

最能击中肯綮的表述，无疑是皮尔斯所作出的：“人所使用的语词或符号就是人本身。因为每个思想都是一个符号这一事实，连同生活是一系列思想这一事实，一道证明：人是一个符号；因此，每个思想都是一个外在的符号证明，人是一个外在的符号，也就是说，人和外在符号是等同的……所以，我的语言就是我的全部，因为人就是思想。”[12]

现代哲学的重要标志之一，就是在“语言学转向”之后，哲学家们放弃了对于观念、心灵的谈论，譬如，维特根斯坦就明确表示：哲学的工作不是心理学的工作，不是谈论意识、观念，而是澄清语言，“这本书将为思维划定一条界线……这种界线只能在语言中划分，而在界线那方面的事情，就简直是无意思的”[13]。以此作为标杆，或许更能够看出皮尔斯符号思想的后现代特质。中国符号学者丁尔苏先生就此有过非常直观的公式，如下所示：

符号A≠符号B≠符号C≠符号D……＝符号A(结构主义理论)

符号A≠符号B≠符号C≠符号D…… (解构理论)

符号A≈符号A1≈符号A2≈符号A3…… (皮尔斯理论)[14]

按照结构主义理论，意义是结构差异的产物，这样就把重点完全放在一个共时体系内各语言成分的关系上，而牺牲了符号系统与生命世界之间的关系。在解构理论中，由于先验的语言系统被打破,符号的消极区分活动又永无止境地处在“延异”的过程之中,于是符号的意义也就变得漂游不定。在皮尔斯的理论中,符号由三方面组成,即再现体(representamen)、对象(object)、解释项(interpretant)。从广义上讲,解释便是符号的意义;从狭义上说,解释也常常是一个符号,它又有它的解释,如此往复,以至无穷。换言之,符号对对象的指称通过解释者的解释得以实现,符号作为一个三元的整体(triadic unity),通过解释者的解释使符号和对象之间确立了某种联系,因而不仅符号在意指活动中充当着思想与现实的媒介,而且,正是人赋予符号以生命,并以符号为工具发展了人自身。

动物生活在客观世界之中,这个世界首先是部分地(也仅仅是部分地)包括了动物自身存在其中的关于物质环境的意识,而这种意识是独立于已知的存在的。客观世界开始于动物的感觉,并因为这种感觉而包括属于物质环境的某种东西。但是一旦“精神再现”或概念在认识(即超出和高于单纯的感觉)这一层面上进入,所感觉的环境便被转化为一个意义世界,也就是说,一个由在符号关系网中把该对象呈现为有利害、无利害或无关的有组织的对象构成的世界。就知识的来源和发展而言,人类认识和所有动物意识都同样地依赖于感觉,所有动物的意识都开始于感觉,随之把环境作为被感觉者,转化为对特定物种的动物有意义的客观世界。然而在经历这一阶段之后,其他动物的做法是,由关于这个经过了阐释的世界的意识重新回复到感觉,而这感觉,根据单个的专属于物种的兴趣和需要而非其他,由得以辨识、经过了欲力集中作用的物质对象构成。在这个星球上,唯有人类情况特别,我们发现,人类的意识还能进一步超越对物质对象的感觉,形成观念和客观特征,它们不仅不能化约为可感之物,而且直接性地毫不涉及物质材料,譬如地方政府的办公室职务、军队组织的军阶、宗教声言所起的作用,等等。因为人这种动物,通过他们在构建语言交流和知识认识方面对如此这般关系的操作，不仅用对象与动物本身之间的关系来看待客观世界，而且进一步地把这些对象看做具有自身特色的，是有着属于它们自己的存在的。并且，这种存在具有主体和主体间性的构成，这就为人类这种动物（仅仅是人类这种动物）打开思路，使之科学地对事物在它们的（意即独立于我们的存在的）存在中所采取的那种方式进行考察。如此，我们开始认识到大自然本身所独有的界线，进一步地，同样是通过符号意识的发展，我们开始认识到我们对于我们的行为所承担的责任有着一种新的维度，只有通过反思我们对许多事物的认识，我们才开始明白，人类这种动物"慢慢地"最终发觉，自己一直以来的符号能力或"元符号活动"（metasemiosis），正是人类命运在这个不断演进的世界中的主要工具。

迪利站在现代与后现代这条分界线上，以符号学家的视角，筚路蓝缕于从古希腊到21世纪的整个哲学史的全面检核，而其中最闪光的，就是对中世纪经院哲学家的梳理钩沉，尤其是对被遗忘了的符号学者普安索的全面重估，也许正是在这层意义上，"符号学极大地修正了标准哲学史的轮廓"[15]。迪利的工作中所凸显的从普安索到皮尔斯这条线索，的确可以作为符号学者深入哲学迷宫的阿里阿德涅之线，以此作为牵引，有机会一览滚滚河流，或潺潺溪流，甚至是地下汩汩暗泉这林林总总思辨性思想构造出的哲学史样态。

---

① 李幼蒸：《理论符号学》，49—50页，北京：社会科学文献出版社，1999。

② 顾嘉祖、辛斌：《符号与符号学新论》，前言，南京：东南大学出版社，2006。

③ 薛忆沩：《走进当代符号学的必经之路》，载《书屋》，12—14页，1996(1)。

④⑤ John Deely, *Four Ages of Understanding: The first postmodern survey of philosophy from ancient times to the turn of the twenty-first century*, Toronto,

Canada: University of Toronto Press,2001,p. xxxi,xxx.

⑥⑧⑨⑮ John Deely, *The Impact on Philosophy of Semiotics*, Indiana: St. Augustine's Press, 2003, pp. 63 — 64,p27、18、96.

⑦ John Deely, *Introducing Semiotics: Its History and Doctrine*, Bloomington: Indiana University Press,1982, p. ix.

⑩ John Deely, *The Red Book*, Helsingen Yliopisto, Finland: The University of Helsinki,2000,p7.

⑪ John Deely, *The Green Book*, Houston: University of St. Thomas,2000,p44.

⑫ J. Buchler, ed. , *Philosophical Writings of Peirce*, New Pork: Dover Publications,1955,p249.

⑬ 维特根斯坦:《逻辑哲学论》,郭英译,20 页,北京:商务印书馆,1985。

⑭ 丁尔苏:《语言的符号性》,69 页,北京:外语教学与研究出版社,2000。

周劲松　四川大学文学与新闻学院　博士研究生　邮编:610051
电子科技大学外国语学院　副教授　邮编:611731

福柯现代性批判理论中的文化“标出性”

◎冯月季

作为20世纪最重要的思想家之一，福柯对现代性的批判处处闪烁着激进的美学锋芒。通过对疯癫史、精神病学史、临床医学的诞生、性史等知识考古学和权力系谱学的探讨，福柯认为，人类文明发展的每一个阶段，都伴随着对“异项”文化的排斥和宰制，统治者运用话语的霸权，将人类行为规训在权力/知识构筑的全景监狱中。

自启蒙运动以来，以自由人本主义为特征的现代理性，并未使人类社会进步到一个更高的阶段，而是从一种统治形式走向另一种统治形式。统治者的权力网络像毛细血管一样无处不在，福柯所担心的是，那些具有异质性质的文化领域，在规训社会中将长期遭受权力体系的压迫，变得毫无抵抗力与抗争性，人类文明由此会陷入一种同质性和总体化的模式。

一、"标出性"的含义

"标出性"(markedness)原是语言学中的一个重要概念,通常译为"标记性"。赵毅衡先生认为,"标记性"这个概念的中文翻译过于宽泛,容易出现误解误用,因此建议改用"标出性"[①],并将此概念引入符号学领域,应用于社会文化研究。

文化的二元对立是普遍存在的现象,运用符号学中的"标出性"进行表述的话,则在社会文化中占主导地位的文化为正项(非标出项),居于边缘位置的文化为异项(标出项),处于正项与异项中间位置的为中项。

三者当中,虽然中项无法获得独立的意义表达,只能靠向正项才能获得文化意义,但是中项的作用至关重要,"中项偏边是各种文化标出关系的最紧要问题"[②]。也就是说,在文化的二元对立项中,正项的位置要依靠中项的认同。在社会文化范畴内,中项必定是趋向于占主导地位的文化正项,而文化异项为了在社会文化中占据一席之地,必定也会对中项进行争夺,以求获得中项认同。

从历史发展来看,正项与异项的位置并不是固定不变的,随着社会文化形态的变迁,作为异项的文化有可能形成"标出性"翻转。

福柯有关现代性的批判理论,对疯癫/理性、正常/非正常的考察,反映了符号学中的"标出性"关于文化二元对立的特征。在一系列知识考古学和权力系谱学探讨后,福柯认为在一个规训社会中,正项的权力宰制无所不在,异质性和边缘性文化的抵抗与反叛因素将不复存在,社会文化将沦为正项的权力场。这使得福柯的现代性批判理论在保持了激进的美学锋芒的同时,在另一个维度上滑向了片面性和保守主义的立场,并由此导致了我们对福柯现代性批判理论某些方面的质疑。

二、科学知识话语:正项的权力场

在《疯癫与文明》中,福柯指出疯癫最早是人类世界中的一种日常现象,但是在疯癫史上有两个事件改变了这种现象。"一个是1657年法国总医院建立和对穷人实行'大禁闭';另一个是1794年解放比赛特尔收容院的带镣囚禁者……正是这种结构导致了中世纪的和人文主义的疯癫体验转变为我们今天的疯癫体验,即把精神错乱完全归结为精神疾病。"③ 福柯分析了精神病理学如何以一种科学话语的姿态占有和支配知识,并将疯癫作为"异项"标出,排除在文明与理性的范畴之外,并由此导致了精神病院的诞生。

福柯认为,将疯人与正常人隔离开来,在精神病院中实行禁闭,并非是医学的进步与人道主义光辉的体现,而是现代理性的疯癫意识。禁闭本身的深层结构导致了这一现象。禁闭的对象,从早期的麻风病人,到后来的穷人、罪犯、精神病患者;而排斥的手段,也经历了由最初的使用"愚人船"进行驱逐,到运用禁闭所与精神病院实行隔离。

这种统治手段的更迭,"与其说是一种慈善意识,不如说是一种政治意识"④。统治者为了彰显其象征性权力的淫威,必须制定出一套划归异类的标准,古今中外,概莫能外,如《管子·法法》曰:"倨傲易令、错仪画制、作议者,尽诛。"一旦疯癫被统治者视作有碍于统治秩序的异项,就都有可能被关进精神病院,作为最残酷、最恶劣的惩罚手段固定下来,"对癫痫病人和教养院其他病人,甚至对游手好闲的穷人所施加的一种惩罚,就是把他们放到疯人中间"⑤。在此,精神病院作为统治者权力的象征,关进其中的人被迫生活在谵妄的世界中。

通过对疯癫史的追述,福柯旨在表明,历史是如何建构了疯癫作为"异项"的身份特征,并受制于现代理性的宰制。至于为何会出现疯癫/理性、正常/非正常的对立，这样的一套判断标准从何而来，福柯并非仅仅限于表象的分析，而是沿着这一轨迹，在福柯称之为“沉默的考古学”的探讨后，进行了元理论的追寻。福柯发现，在疯癫/理性二元对立的背后，隐匿的是科学知识的话语陈述。

在《知识考古学》中，福柯所探讨的话语已经超越了纯粹语言学所研究的范畴。“对于某个话语事实，语言分析提出的问题永远是：这一陈述是根据什么规律形成的？其他类似的陈述又是根据什么规律形成的？而话语事件的描述提出的完全是另外一种问题，即这种陈述是怎么出现的，而在其位置的不是其他陈述。”⑥福柯所感兴趣的是某个话语的陈述排斥了哪些陈述形式，它是如何占据其他话语所无法占据的位置。因此福柯话语理论研究的重点在于话语的排斥、限定与统治，话语的这些神秘功能导致话语也成为权力和欲望的对象。

福柯进行人文科学知识考古学的分析，其目的在于：“任何一个话语形成中，我们都可以在科学和知识之间发现某种特殊的关系；而考古学的分析并不是要确定它们之间排斥或摆脱的关系……而应该从正面指出科学怎样进入知识的成分中发挥作用。”⑦福柯所阐发的有关人文科学与知识的考古学理论，其目的在于开拓一种新的历史形式。福柯反对现代历史学连续性、整体性的历史观，认为历史发展呈现为一种非连续性和断裂性。

每一次历史转向，事物的秩序都会重新安排，其中起决定作用的是构成事物的规则发生了变化，这些规则是人们认识世界的文化符码。例如，从文艺复兴转向古典时期后，现代理性就中断了与疯癫的联系，从古典时期转向现代时期后，又出现了疯人与正常人的对立。

在统治者制定文化标杆对异项进行标出和排斥的过程中，科学“置身于知识中，构造它的某些对象，将它的陈述系统化和确定它的概念和策略”[8]。最重要的是,科学知识构造了对象的差异性,并将其陈述为一种合法性的关系形式。

在这个过程中,人既是掌握科学知识的主体,又是科学知识研究的对象。人的主体性消失了,科学知识得以重新构造人的主体性,将之差异化,由此出现了疯癫/理性、正常/非正常的二元对立。

三、规训社会:全景监狱的形成

对于社会文化中正项与异项二元对立的划分,福柯认为并非仅仅是话语的超验性作用。在其对权力的系谱学考察中,福柯将研究视野转向了制定社会规则的权力制度以及规训机构。

大约在18世纪末19世纪初,西方的司法与行政体系趋于成熟。在对犯人的惩罚中,过去那种对达米安等异类实施残酷肉体折磨的现象消失了,惩罚措施开始变得隐秘,向人道主义倾向靠拢,监狱看守、医生、精神病专家、牧师等取代了刽子手的位置。

当血淋淋的肉体惩罚被相对温和的方式取代后,福柯认为,这并非是一种人道主义的进步,而是惩罚的深层结构转向了对灵魂的控制。惩罚并不是要消灭异类,而是为了改造它。

作为统治者,首先要做的,就是建立一套精密的政治体制,通过各个社会机构中的监督措施、奖惩制度、档案管理等,达到对人体空间和时间上全方位的规训。这是一种生产性的权力,最终目标是消除异类身上存在的反秩序因素,使社会秩序规范化,并生产出驯服的主体。

在一个规训制度严密的社会中,“一切实行对个人的控制的权力机构都按照双重模式运作,即一方面是二元划分和打上标记(疯癫/心智健全;有害/无害;正常/反常);另一方面是强制安排,有区别的分配(他是谁,他应该在哪里,他应该如何被描述,他应该如何被辨认,一种经常性监视应如何以个别方式来对待他,等等)”⑨。这种古典时期对付麻风病人的手段,在现代社会,成为一种具有普遍性的表征,被应用到所有人身上。

自从现代理性诞生之后,统治者为维系其正项的主导地位,通常的做法就是标记出异项的文化身份。斯图亚特·霍尔指出:“它是一种标记的方式,标记出我们的历史实际上相互纠缠和渗透得有多深;对我们自己意义上的身份来说,‘他者’有多必要;即使是占支配地位的、殖民的、帝国主义的权力,也只能通过建构的他者来体验他自己的统治权力的快乐。”⑩处于主导位置的权力无处不在,从政治话语到性话语,权力控制将性从身体中抽离出来,原来被视为本能的各种性变态,如今被贴上了各种伦理学和道德的标签。

在对古罗马以及古希腊婚姻关系的考察中,福柯发现,存在一种超越性行为和生育制度的婚姻艺术,那就是男性作为社会的主导,女性处于从属和低贱的位置。“丈夫必须是领导,他要提出建议、传授经验和指导妻子管好家务;妻子则应该询问她不懂的东西,考虑她可以做的事情。”⑪自从资本主义开始处于上升期后,男性对女性的统治,这种性别政治就作为一种恒常结构固定下来。

通过对知识的考古学以及权力的系谱学论述,福柯的论断是:现代社会已经沦落为权力和知识的附庸。“通过确保权力毛细渗透功能的完整等级网络,管理控制甚至深入到生活的细枝末节。”⑫现代主体已被笼罩在全景敞视建筑中,一个规训社会已经形成。

结语:对福柯现代性批判的质疑

在规训社会中,随着人性的觉醒,人文科学与知识扮演了人道主义卫道士的角色，它们对先前统治者实施的酷刑与暴政口诛笔伐，但却以另一种暧昧的方式与现代权力体系进行媾和，筑造了社会的超级监狱。禁闭其中的人们就像被关进监狱的罪犯与精神病患者，要时刻受到来自内心的自我谴责，这种惩罚的痛苦与酷刑相比有过之而无不及，其中还存在着从权力的政治技术向伦理的自我技术的转移。

在无处逃遁的全景统治中，古典时期对社会规范进行抗争的疯癫消失了，其他的异质因素：反话语、反知识的叛逆声音也无迹可寻。

在古典时期以前，异类们还有在公共场合展示的机会（如果罪犯被执行酷刑之前的破口大骂、疯人们的胡言乱语也算是一种展示的话），现代社会已没有这种可能性。监视社会的根本特征，就是要将异类身上的反叛因素剔除干净，使之无处表达诉求，将其囚禁在封闭的空间内，变得沉默和失声。

整体上来看，福柯几乎所有的著作都是致力于对现代理性、权力、知识的批判。自现代性开始以来，其间就一直存在着统治者对异类的排斥与驱逐。只不过现代社会越发达，统治者的手段越趋向于隐秘，但却是一种更为有效的方式。福柯对现代性的批判“只注意到了理性化所具有的压迫形式，却未能指出现代性的任何进步方面”[13]。与霍克海姆和阿多诺持有相似观点，福柯认为现代性是彻头彻尾压迫性的力量。这在许多人看来，福柯的思想具有一层悲观甚至片面化的色彩。

1. 福柯过于强调正项权力体系的压迫性统治，很少注意异项文化的生产和存在机制。

按照福柯的逻辑，处于文化主导地位的正项，根据自身的标准，制定一套排斥和规训异项的规则。现代社会的权力压迫无处不在，如此可能导致的一个后果是：异项的“标出性”特征会逐渐衰弱，甚至有消失的危险，整个文化会沦为正项的权力场。

这也恰恰是福柯以及其他后现代理论家们所忧虑的：“它遮蔽了社会领域内的差异性和多元性，同时在政治上导致了对多元性、多样性和个体性的压制，并助长了顺从性和同质性。”⑭

应当说，这种担心只存在于文化形态单一，或者是过于专制独裁的社会。现代文化具有极强的符号生产能力，福柯令人信服地论述了现代理性和权力机构对人的压迫，但是福柯并不认为现代理性带来了人性的解放，恰恰相反，福柯常常赞美和呼唤的那些异质性文化领域，受到了更为科学的压迫，总体上，现代性将会导致人类世界的文化灾难。

在这一点上，福柯的论调滑向了片面性的立场，他将主要精力都放在了现代性批判的宏大叙事上，很少注意现代性所带来的社会进步和文化多元现象。过分强调社会中正项的统治权力，使得福柯低估了现代主体的能动性和创造性。在很多领域，福柯所呼唤的那些异项文化因素并没有消亡，反而借助现代文化的碰撞与交流、借助现代电子媒介获得了新的生命力和表达空间。社会文化中，正项的“元叙事”并未能一统天下，众多的“小叙事”兴起，构成了现代社会中文化多元的表征。

事实上，现代社会中的异项文化，都拥有各自的文化符码，其生产性保障了异项的文化自主性。比如，亚文化群体所使用的“隐语”，“如果主导文化已学得了这种代码，抑或这种代码经筛选，进入了中产阶级的词汇中去了（如黑人的很多隐语就是这样），于是新词就必然要发明出来”⑮。作为与主流文化相对立的文化形态，亚文化群体的这种“自我标出”功能使得其保持了异项的风格特征。

2. 在福柯的视野中，我们看到更多的是权力/知识体系对异项文化的排斥，强调的是社会文化范畴内的隔离、对立关系。

监狱、精神病院的主要功能就是隔离，将罪犯、精神病人与外部世界的异质性因素隔离开来，从而一方面避免造成罪犯之间或疯子之间力量的联合，形成更大的社会破坏力；另一方面以监禁的形式将其与正常人相区别。

福柯还将这种对立关系绝对化了，它表现出的是作为正项的权力/知识体系对异项的整体拒斥。弗雷泽就曾指出，福柯并未对社会中的暴力与非暴力统治进行区分。几乎所有的社会关系形式都掺杂了权力的概念，例如精神病院的隔离间将精神病患者与医生隔离开来，使得精神病患者无时不处在医生的监视之下。

福柯称本瑟姆在其著作中所提到的"圆形监狱"为政治的"哥伦布之蛋"，孵化出了19世纪资本主义的各种监禁形式。被囚禁在圆形监狱中的罪犯，从地牢转移到了塔楼，被囚禁者不再与地牢的黑暗为伍，却陷入了看守者的目光凝视之下。事实上，整个社会体系都是如此，正项与异项各自处在不同的社会空间，被完全割裂开来，是一种被附着了权力因素的纯粹对立关系。

不得不说的是，福柯的论点具有权力泛化的倾向，在福柯的眼里，我们读到的是一个完全由理性和权力主宰的现代性。在将疯子、精神病患者、罪犯监禁之后，权力机构依然睁大警惕的双眼，随时对社会中出现的异质性因素进行打压。"这是理性主体的目光，这个主体失去了与周边环境的所有直觉联系，摧毁了主体间沟通的一切桥梁，陷入了独白式的孤立。"[16]

对此，哈贝马斯的批评切中了福柯理论的缺陷，"福柯把文化和政治简单地混为一谈，并把它们还原到行使暴力这一直接的基础之上"[17]。对权力体系的集中批判，某种程度上限制了福柯的理论视野，除去政治领域内的权力控制以外，在文化领域或者其他边缘领域内，异项与异项之间、正项与异项之间存在着交流与互动的可能性。

不过有一点需要说明：福柯视线中的现代性的时间下限为20

世纪50年代。现代性发展至今,各个领域内的文化碰撞从未像现在这样呈现出多元的表征。全球化时代,现代性与传统文化在各个方面的冲突与融合,都使得现代性并未像福柯所预言的那样,呈现出一副单调的面孔。

3.最为根本的一点,福柯所主张的断裂的、非连续的历史观认为,历史发展从一个时期到另一个时期,不过是从一种统治形式走向另一种统治形式,现代时期与古典时期、文艺复兴时期相比,并非是一种真正意义上的社会进步。自从古典时期出现疯癫/理性的二元对立后,社会文化中的异项一直处在被权力体系宰制的地位,并在现代理性出现后成为固定的社会统治模式。

在这里,福柯忽视了中项问题。就疯癫与理性的二元对立来说,绝对的疯癫与理性只是社会群体中的两极,社会中大部分人都处于疯癫与理性之间的状态,这部分人被称为中项。理性往往会以为中项代言的名义——疯子会对社会中正常人造成危害,制定一套排斥疯癫的标准,这套标准需得到中项的认同才会发生效用。反之,也就是说中项的站位会决定正项和异项的位置变化。在现代社会,文化包容度增强,福柯在《性史》中所谈到的各种“性变态”,开始逐渐得到中项的认同,同性婚姻在有些国家已得到法律的许可。也就是说,随着社会文化的变迁,中项的价值判断标准也会发生变化,异项有可能演变成社会中的正项,形成“标出性”的文化翻转。

造成福柯忽视中项的原因在于,他始终是从权力运作的角度来研究社会关系,特别是现代时期,权力体系固定了规训的社会结构,这是一种社会主导权力对边缘性因素的控制。两者之间呈现为非对称的力量对比关系,这就使得异项的“标出性”风格弱化,失去抵抗甚至颠覆正项主导霸权的能动力,因而只能处于被压迫的地位。

从历史发展来看,异项也并不是永远处于弱势的地位。历史上随着社会文化的变迁,异项被扶正的现象并不在少数。法国大革命爆发后，尽管遭遇欧洲反法同盟围剿以及国内封建势力的复辟，但结果依然是共和政体取代了君主专制政体。在日常生活领域内，这种现象更为普遍。牛仔裤刚刚流传到美国时，被认为是下层民众的专属，直到二战后，随着电影明星的引导成为潮流，如今已风靡世界，成为时尚的标志。摇滚、爵士乐作为曾经的亚文化，也逐渐进入流行文化的行列。

针对福柯对现代性批判的片面性和反启蒙的立场，哈贝马斯认为福柯具有青年保守主义者的倾向。不过就此认为福柯是一个彻头彻尾的保守主义者，并不公允。

福柯终其一生都在对不同历史阶段的权力体系进行批判，在批判的过程中，福柯也注意到了那些异项文化的抵抗因素，只不过在福柯的著作中，这样的表述并不多见。“在《性史》中，他指出，尽管‘性变态’话语增加了社会控制机制，但他们同时也产生了一种相反的话语，使得同性恋者借此来要求得到他们作为一个群体所应当拥有的合法地位。”[18] 反对作为统治者的绝对同一性标准，寻求差异，呼唤边缘群体的文化表达，或许是福柯现代性批判理论的终极目标。

---

①② 赵毅衡：《符号学原理与推演》，281、291页，南京：南京大学出版社，2011。

③④⑤ 米歇尔·福柯：《疯癫与文明：理性时代的疯狂史》，刘北成、杨远婴译，4、209、209—210页，北京：生活·读书·新知三联书店，2003。

⑥⑦⑧ 米歇尔·福柯：《知识考古学》，谢强、马月译，32、239—240、240页，北京：生活·读书·新知三联书店，1998。

⑨⑫ 米歇尔·福柯：《规训与惩罚：监狱的诞生》，刘北成、杨远婴译，223、222页，北京：生活·读书·新知三联书店，1999。

⑩ 斯图亚特·霍尔：《种族、文化和传播：文化研究的回顾和展望》，陶东风主编：《文化研究精粹读本》，314页，北京：中国人民大学出版社，2005。

⑪ 米歇尔·福柯:《性经验史》,余碧平译,489页,上海:上海人民出版社,2002。

⑬⑭⑱ 道格拉斯·凯尔纳、斯蒂文·贝斯特:《后现代理论:批判性的质疑》,张志斌译,89、50、72页,北京:中央编译出版社,2001。

⑮ 拉里·A.萨姆瓦等著:《跨文化传通》,陈南、龚光明译,197页,北京:生活·读书·新知三联书店,1988。

⑯⑰ 于尔根·哈贝马斯:《现代性的哲学话语》,曹卫东等译,289、341页,南京:译林出版社,2004。

冯月季 四川大学文学与新闻学院符号学—传媒学研究中心 邮编:610064

"表现性形式":苏珊·朗格的艺术符号论

◎王　冠

在当代西方,符号学的发展有两大脉络:一是由索绪尔、皮尔斯分别从语言学和逻辑学发展而来的符号学;二是由卡西尔、苏珊·朗格以文化人类学为出发点的符号学。自古希腊时期,名医希波克拉底将病人的"症候"视为符号以来,有关符号的思想经由柏拉图、亚里士多德、洛克、莱布尼茨、康德、黑格尔等人的不断阐述,最终在19世纪末20世纪初由瑞士的索绪尔和美国的皮尔斯分别从语言学和逻辑学的角度创立了现代符号学。索绪尔、皮尔斯以及后来的莫里斯等人的思想主要从理论建构层面为符号学的产生及其发展提供了理论支撑。而在索绪尔和皮尔斯之后,维特根斯坦和瑞恰慈、卡西尔和苏珊·朗格、列维-斯特劳斯和罗兰·巴特又各有所侧重,分别以逻辑符号、情感符号、结构符号为中心,深层次地挖掘了符号学的多重美学内涵,形成了符号学美学。其中,恩斯特·卡西尔和苏珊·朗格将符号学的理论和方法运用到文化形式和艺术形式的研究中。具体说来,卡西尔开创了文化符号哲学,将符号学应用于宗教、神话、艺术、历史等多种文化形式的研究中;而朗格则在卡西尔开创的研究道路上继续探索,她研究的重心是艺术。

朗格认为,艺术是一种"表现性形式",也是一种"情感的'图式符号'"①,这种"形式"和"情感"与个体生命息息相关。更精确地说,朗格所说的艺术符号只是一种类符号,"表现性形式"这一范畴表明艺术作为符号不同于语言作为符号的独特性,它是朗格美学思想的核心。

一、符号与艺术符号

朗格在《艺术问题》中重点论述了"符号"。她首先承认"语言即符号",人类与动物的分界线就是语言的分界线,人类也说"动物语言",言说始于动物行为,但不能反过来认为动物也说人的语言;其次,朗格指出一般语言所构成的仅仅是"逻辑符号体系",而她真正关心的则是作为"表现符号体系"的艺术,她认为"艺术符号展现的意味不能由话语来释义"②,艺术是一种非推论性符号,而语言是一种推论性符号。

艺术符号作为一种"非推论性符号形式"具有特殊的含义,朗格称之为"意味",用以和推论性符号形式的"意义"相区分。在她看来,推论性符号形式即语言,具有固定的语法规则和代码,而艺术符号则没有固定的表达规则和意义,总是力求突破旧有的框架和期待视野。同时,艺术符号是完整自足的,它"在提供一个以它为本原的世界时,自身带有自己的意义"③,它表达自己时就"在自己的行为中实现自己和显示自己"④。因此,从根本上讲,作为"非推论性符号形式"的艺术符号是超语言领域的。

由上可知,在艺术符号的界定上,朗格摈弃了索绪尔"能指"和"所指"的二元区分,从而使符号与符号所传递的意义成为一体。这一观点也成为学界争议的焦点。符号作为一种理性的、精确的逻辑语言,它所表达的意义在符号之外,符号所代表的事物和它指示的意义是一一对应的;而艺术是变动不居、丰富多彩的,它拒绝符号的精确对应,其意味就在艺术作品本身。因此,朗格的"艺术符号"概念是否存在内在的矛盾性呢?朗格的研究者戈斯就指出,朗格更重视词语表达的意义与词语的关系,重视不同的词语如何结合以表达同样的意义,这也是艺术符号论被诟病的地方。因为符号指向本身以外的意义,而朗格的艺术符号并不指向自身之外的任何意义,其"意味"就在符号本身。朗格曾在《哲学实践》和《哲学新解》中将符号视为"逻辑类似",符号的固有性质就是一种抽象性;而在后来的《情感与形式》和《艺术问题》中,朗格在不否认符号具有抽象性的同时又将其看做世界和心灵的中介,是对情感的表现。朗格将看似矛盾的符号与艺术结合在了一起。故此,许多学者都对朗格"符号"概念的双重特性提出了质疑与批评。⑤

事实上,朗格曾一再表示,她的艺术符号是一种表现性形式,是一种类符号,并非真正意义上的语言学和逻辑学上的符号。因此,朗格更倾向于用"表现性形式"代替"艺术符号"的称谓,以避免"艺术符号"这一称谓容易造成的含混与误解。她自己阐述道:

> 在我的《情感与形式》一书中,我曾称这种表现性的形式为"艺术符号"。这种称号曾引起批评家的一阵大哗,引起这阵大哗的主要原因有下面两个:第一,这些批评家对于我所论述的符号功能的理解其实是一种误解,因为他们把我提出的符号理论同早先出现的那些为人们熟悉的符号理论混为一谈了。结果,他们不是把艺术当成了一种纯粹的语言或语言符号看待,就是把艺术符号混同于艺术中所使用的符号。第二,某些批评家虽然能够理解我的符号理论,但对我使用了"符号"一词颇感不满,因为这个词不容易同

目前流行的语义学论文中所使用的“符号”一词区别开来……现在看来,对这二者之间存在着如此之大的区别,确实是我以前没有想到的……对于它,我个人则喜欢用玛莱文·雷德教授在评论《情感与形式》这本书时所使用的术语——“表现性形式”。正如雷德教授所说的,这样一个称号要比“艺术符号”这个称号好得多,这也是我自此之后就一直采用“表现性形式”这个字眼的原因所在。[6]

由上可知,艺术符号就是“表现性形式”。这是朗格面对质疑、修正自己观点后的结果,她将“表现性形式”视为较之“艺术符号”更贴切的表达。朗格进一步解释“表现性形式”时说:

所谓艺术符号,也就是表现性形式,它并不完全等同于我们所熟悉的那种符号,因为它并不传达某种超出了它自身的意义,因而我们不能说它包含着某种意义。它所包含的真正的东西是一种意味,因此,仅仅是从一种特殊的和衍化的意义上说来,我们才称它是一种符号。它并不具有一个真正的符号所具有的全部功能,它所能做到的只是将经验加以客观化或形式化。[7]

综上所述,朗格认为艺术符号(表现性形式)不同于其他符号,它的意味存在并显现于自身。朗格的理论旨在突出艺术的独特性,建立艺术自身的符号系统,这与索绪尔符号学及结构主义符号学有着显著的不同。后者意在建立包括艺术在内的、适用于所有文化形式的符号学,艺术的独特性也就被消解了。

二、"表现性形式"的含义

表现性形式是"一种诉诸视觉、听觉甚至诉诸想象的知觉形式，一种将人类情感的本质清晰地呈现出来的形式"[8]。朗格的表现性形式是克莱夫·贝尔"有意味的形式"命题的延伸，其深化之处就在于把艺术看做一种符号，把"意味"明确为人类的情感。"表现性形式"和形式、生命、情感、幻象等概念密切相关，具体可以从以下几个维度来理解"表现性形式"。

第一，形式。"表现性形式"中的"形式"是广义上的运用，它既指艺术品的整体外在形状，也可以指艺术品内部的各个要素，更重要的是，它还指一种抽象形式，包括"某种结构、关系或是通过互相依存的因素形成的整体"[9]。这种抽象形式"与人类的情感形式——增强与减弱，流动与休止，冲突与解决，以及加速、抑制、极度兴奋、平缓或微妙的激发，梦的消失等等形式——在逻辑上有着惊人的一致"[10]。在这里，"逻辑的一致"是指艺术形式与情感之间的一致，不是表面上的喜悦或是悲哀，而是在深层结构上的一致，是一种关系的相似。所以，表现性形式中的"形式"又可以称为"逻辑形式"。

同时，艺术的"形式"还必须是生命的形式。艺术形式要成为生命形式需符合如下条件：1. 它是动力形式，这意味着它必须是一种变化样式；2. 它的结构是有机结构，它的要素并不是独立的部分，而是相互联系的；3. 整个系统是由有节奏的活动结合而成的；4. 要具有生命形式的规律，即生长和消亡不断交替的辩证的活动规律。总而言之，运动性、有机性、节奏性和规律性是艺术形式必须具有的四个特性，各种形式要素同样具有其中的特性，在朗格看来，只有当某种艺术中的形式与生命的形式相类似时，艺术才能以隐喻的形式表现人类意识，因此可以说，艺术就是用各种各样的手段去创造和加强生命的形式。

第二,情感。早在《哲学新解》里,朗格就汲取了“符号逻辑”的思想观念,竭力为美学奠定理性的基础。她后来对音乐、绘画、舞蹈、诗歌等具体艺术门类的分析也沿袭了这一思想。她认为艺术不是情感的“征兆性表现”,而是感觉形式的“符号性表现”,是对人类的“内在生命”的理解。以音乐为例,从符号学的角度看,音乐不是情感的引发和慰藉,它是逻辑的表现,最能表达某种符号性的情感,表达接受者过去不能感觉到或不知道的情绪。因此,“表现性形式”作为一个整体包蕴着情感,整体中的多种形式要素同样也具有“表现性”,也具有情感,如音乐中的音符、线谱、节奏,绘画中的线条、色彩,舞蹈中的姿势,文学中由语言组成的场景、角色、故事情节等等,都体现出了生命情感的特性。可见,朗格不同于传统符号学的地方就在于她赋予了艺术符号深沉的情感内涵,艺术符号因为自身的意味与人类的生命形式达成同构。

第三,幻象。前面提到,朗格从运动性、有机性、节奏性和规律性四个方面来论述生命形式。但对于不具有真实生命的艺术品来说,却只能从隐喻和象征的角度来理解其内在生命的特性。归根到底,艺术品中的生命特性的获得只能依靠“幻象”。幻象是艺术的本质特征,每一门艺术都有一种基本的幻象。幻象所具备的形式构造不是一种实际的存在,而是隐藏在表层物理组合之下的、非物质的、虚幻的、时间或空间结构,“是一种知觉的或想象的整体”[11]。这一整体不是局部的简单的堆砌,而是同时包容又同时展现整体中的各个细节,因此从这个意义上说,幻象整体也就是“有机的形式”和“表现性形式”,是形式包蕴情感的具体体现。艺术幻象“制成的是一种半抽象的,然而又往往是一种独特的和给人以美的感受的表现性形式”[12]。正如前文所说,情感要用形式来表现,形式的目的是表现情感,而具体体现二者的载体就是艺术幻象。因为对于每部艺术作品来说，直接呈现在读者面前的不可能是无形无状的情感，也不可能是与情感同构的抽象形式，直接呈现出来的只能是某种直观的、整体的东西，这就是艺术幻象。它使情感与形式不留痕迹地融合在一起，是艺术创作的最终结果。可见，朗格用幻象标示出艺术和一般符号的本质差异。

同时，朗格又用幻象标示出各艺术门类之间的本质差异。各门艺术的特性产生了各自不同的基本幻象，不同的基本幻象反过来又规定了各门艺术的独特性。例如，视觉艺术的基本幻象是“虚幻的空间”，音乐的基本幻象是“虚幻的时间”，舞蹈的基本幻象是“虚幻的力”，文学的基本幻象是“虚幻的生活”，电影的基本幻象是“虚幻的现在”。这些基本幻象的不同决定了艺术的不同门类和领域。

综上所述，朗格认为“表现性形式”，即艺术符号，是非推论性的，传递着生命和情感的意味。艺术品作为有机结构体，它的各个要素都依附于整体，并与整体构成完整的创造物。幻象就从中展现出来。“意味”是生命的意味，是情感的表现。朗格对“表现性形式”的论述还表明：首先，作为整体的艺术是一种“表现性形式”，各种不同的具体艺术也具有迥异的“表现性形式”。其次，“表现性形式”是从艺术创作、艺术表演和艺术欣赏等多维度对艺术进行观照后得出的范畴，涉及主体、符号、概念和客体。最后，“表现性形式”不仅适用于各门艺术的探讨，还适于对艺术起源形式的分析，如神话和仪式等等。

三、符号的功能

符号的功能体现在两方面：一是符号作为一个要素在“表现性形式”中具有举足轻重的地位，它连接了“表现性形式”的各个层面，使艺术品构成了一个整体；二是“表现性形式”作为一个整体即是一个完整的符号，它将世界、创作者、作品和接受者联系在了一起。

首先，朗格认为研究符号的功能主要涉及“主体”、“符号”、“概念”、“客体”四个范畴。我们知道，索绪尔确立了符号的二元关系，他把符号看成能指和所指的结合；皮尔斯确立了符号的三元关系，分别为符号的表现体、符号所指的对象、符号所表示的意义。朗格对符号的认识与他们基本相似，意识到符号必须有一个形式，而且这一形式要表达相应的意义。但是，朗格对符号的认识中多了“主体”这一维度。朗格的“主体”包括两方面：一是创造艺术符号的主体，二是符号的主体性。朗格继承了卡西尔“人是符号的动物”的观点，她区分了信号和符号，认为符号是人创造的，而动物拥有的只是信号，人赋予了符号意义，所以符号具有主体性。

其次，符号具有表现功能和赋形功能。符号的功能是表现，是逻辑意义上而非生物学意义上的表现（如哭泣、暴怒、乞怜），而表现功能又源于“赋形”这一符号的原始功用。赋形功能是“将经验构造成某种形象性的东西的功用”[13]，朗格进一步指出：“我是根据赋形功能提出符号概念的，一些概念就是从符号化经验中抽象出来。”[14]正是因为符号能通过其形式“将经验客观地呈现出来供人们观照、逻辑直觉、认识和理解”[15]，艺术作品才能表现人类的情感和主观经验。也只有通过符号的赋形功能，艺术作品才最终成为“表现性形式”。可以说，卡西尔一朗格美学对符号学的独特贡献就在于对主体的关注，尤其是对符号赋形功能的发现，这也是朗格的符号学理论不同于以后法国结构主义符号学的关键。

再次，抽象功能。朗格认为“符号即我们能够用以进行抽象的某种方法”[16]。艺术作品的“表现性”不是指个人的情感宣泄，而是对情感概念的表现，“它所显示的是一种由感知、情绪和那些较为具体的大脑活动痕迹组成的结构，即一种不受个人情绪影响的认识结构”,这是一种抽象的表现,朗格称之为“符号性的标示”,朗格还认为这种抽象的表现正“是艺术品的主要功能,也正是由于这种功能,我才称一件艺术品为一种‘表现性的形式’”[17]。朗格还认为人类依靠直觉对抽象出来的意味进行知觉,艺术中的直觉是一种原始的逻辑经验,它由符号性的形式、符号的功能和符号的意味融会而成,它也是一种符号性的行为。因此,艺术中的抽象虽然也是对某种结构、形式或要素的认识,但与科学中的逻辑推理不同,艺术抽象是一种直觉抽象和表现性抽象,而非逻辑抽象。

最后,符号具有连接功能。朗格区分了艺术符号和艺术中的符号。第一,“表现性形式”由诸多形式要素构成,这些形式要素被称为艺术中的符号,例如绘画中的线条和色彩等等。这些形式要素是不同的符号,彼此交织在一起,任何完整的“表现性形式”都是由这些相互依赖的单个的符号构成的。第二,“表现性形式”一旦作为整体出现,就成为一个单一的艺术符号,先前的各种形式要素便融化在这个单一的符号中了。“表现性形式”作为一个单一的符号时,它将现实世界、创作者、欣赏者连接在一起,以符号为中介构成了一个整体。四者的关系可如下图所示:

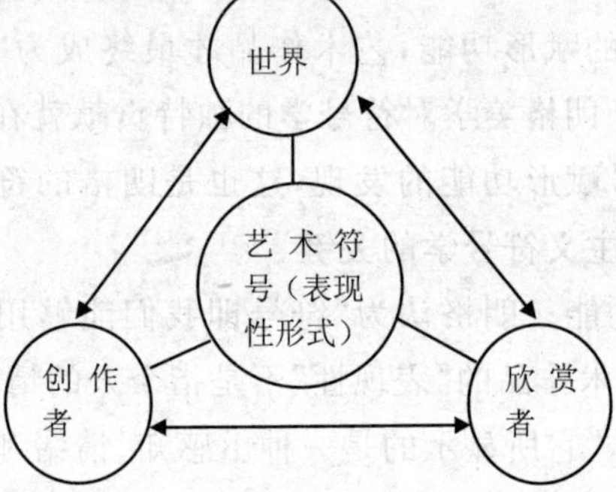

上面的循环图表明,"表现性形式"作为一个艺术符号,是现实世界的缩影。艺术作品正是通过可感的表现性形式将世界的面貌呈现出来。创作者对世界的认识逐渐深化,通过将主体的主观经验或内在情感客观化,赋予艺术品表现性形式,最终形成艺术符号。符号不仅成为艺术创造的终极目的,而且在形成符号的同时也完成了"连接"或"逻辑表现"的功能。符号也最终以"意象符号"或"幻象符号"的形式结束。欣赏者则通过表现性形式了解世界和认识世界。此外,符号能引发欣赏者的创造性想象,符号意味的最终实现也要依赖欣赏者创造性的、想象性的审美活动。在这一循环过程中,欣赏者的能动作用被发挥了出来。

四、朗格艺术符号论的理论基础

从朗格对"表现性形式"的论述不难看出,她的艺术文化研究蕴含着深厚的生命意蕴和情感意蕴。但是,她的理论还是以科学性很强的符号逻辑学为基础的。下面简单谈谈符号学和语义学对她的理论的影响。

首先,符号学基础。早在1942年,朗格就肯定了"符号论是新的哲学时代的新解"。她强调哲学必须立足理性,必须依靠符号,在此之前,索绪尔认为符号学是"一门研究社会生活中符号生命的科学;它将构成社会心理学的一部分,因而也是普通心理学的一部分"[18]。皮尔斯将符号学和逻辑学联系起来。朗格则从哲学层面审视符号论,进一步扩展了符号学的研究范围,她指出:

> 符号论的一种概念导向逻辑学,它研究理智领域的新问题,因而它产生了对科学的评价和对必然的探索;符号论的另一种概念

使我们走向相反的方面——精神病学,它是研究感情、宗教、幻想和除理智以外的任何东西。但二者有共同的核心,即人类的反应是建设性的,而非消极被动的。尽管认识论者和心理学家在符号是什么和它如何发挥功能这些问题上都试图驳倒对方,但二者都认为符号表现是推断过程的核心。[19]

朗格在综合了语言学、逻辑学、心理学之后,赋予了符号论新的含义,她用符号研究艺术,她将艺术的概念作为艺术家情感知识的符号表现,她认为符号本身具有表征性,故此可以进行形式研究和心灵研究。她说:"符号表现的基本思想中含有所有人性问题的核心。其中,蕴含着一个新的概念——'心智',它可以解释生命和意识的问题,而不像传统'科学方法'那样把问题搞得晦涩不清。"[20]

其次,语义学基础。朗格对"意义"的论述和辨析体现出语义学对她的影响。语义学是对"意义"进行研究的一门学问,把语义学应用于语言学,其核心是研究词语和它所反映的对象之间的关系;把语义学运用到符号学中,其核心是研究符号的意义。朗格在语义学的基础上建构自己的艺术理论,拓展了"意义"的内涵。朗格认为一个词语的意义就是一种功能,这个词语本身具有核心意义,同时,这个词又至少包含了两种事物:这个词语意味的客体和使用这个词语的主体。因此,意义就具有了逻辑和心理两方面的内容:在逻辑上,意义传达一个意思;在心理上,意义指对某人的符号。例如,凡·高的名画《农鞋》,我们可以说这个艺术符号指向对人来说的某一客体——具体实在的鞋,也可以说是人用这个符号来表示客体——人从敞口的、沾满泥土的鞋中表现耕种的辛劳、秋日的收获、分娩的痛苦等等。两种表达结果是两种不同层面上的内容:

前者是在逻辑意思上描述意义,后者则是在心灵意思上描述

> 意义。前者把符号作为中心，而后者把主体作为核心。这样，根据把意义视为词语的一种功能而非属性的原则，两种最富有争议的意义——逻辑的和心理的意义——就既有区别，又相互联系。[21]

逻辑的意义和心理的意义彼此联系，造成了艺术符号意义的多样性。正因为意义内涵的丰富，朗格才认为艺术作为符号不能说它具有某种“意义”，只能说它具有某种“意味”。

朗格在研究“意义”内涵的基础上论述了语言的意义。她把语言这种形式归为推论性符号，与以艺术为代表的表现性符号相对。她认为语言中的词语仅仅是引起概念，词语与意义是分离的，一个词语一旦为人们指示了意义，人们就不再关注这个词语本身了。如一提起“醋”这个词，马上让人联想到吃起来酸酸的那种东西，人们关注和想象的焦点集中于那种“酸酸的东西”以及关于它的经验，而非“醋”这一词语本身了。因此，相同的意义可以通过不同的词语和它们的结合体来表达。朗格认为，艺术语言不同于一般语言的地方就在于艺术语言具有造型作用。例如，文学是通过语言对现实表象的造型能力创造出来的。文学中的词语通过词语的声音和排列组合起了一个词语模式，这些词语模式又形成了环境、情景和记忆，最终将情感形式创造出来。所以，文学的词语不仅具有一般语言的传递功能或文字意义，最重要的是要表达“表象”。

除此之外，朗格还研究了“意义”在原始舞蹈、音乐中的起源和发生，阐释了艺术哲学的“意义”观，兹不详述。总之，朗格的语义学观点是一种泛语义学，她把人类世界中的一切都囊括在符号和意义之下。这些观念也是她所处时代的思想潮流的反映。

结语

苏珊·朗格的“表现性形式”是其艺术符号论的核心。“表现性形式”是人类的情感符号,它是在符号论指导下诞生,并将符号论运用到艺术文化研究领域的新的理论概念。朗格的艺术符号论试图调和科学主义与人本主义间的矛盾,但它本质上是偏重形式主义的。同时,朗格理论的局限和缺陷也是明显的。她的理论涉及非常广,对传统艺术形式一一论述,甚至还包括当时的新兴艺术——电影。她试图建立一个适合所有具体艺术的理论体系,却并没有圆满地完成。如朗格理论对音乐、绘画论述精深,对建筑和舞蹈也有过人之处,但论述文学则有欠缺,且多限于诗歌分析,但即便是诗的问题连她自己也承认没有圆满解决。朗格企图调和多种文艺理论和文艺思潮,却难免顾此失彼。而且,朗格的理论更多地着眼于艺术作品本身,缺少社会历史研究,因此显得比较封闭。朗格对推论性符号和表象性符号的划分是其理论的特色,为艺术研究提供了一个新的视角,但将符号截然划分为两种符号系统未免绝对化,尤其是朗格对文学语言论述的不足更显出这种绝对化区分的欠缺。也许正因为如此,朗格的艺术符号论算不得符号学的集大成者,而仍处于中间阶段,仍是一种探索中的过渡性理论。

---

①②⑥⑦⑧⑨⑪⑫⑰　苏珊·朗格:《艺术问题》,滕守尧、朱疆源译,105、133、121—122、134、107、14、19、33、121页,北京:中国社会科学出版社,1983。

③④　杜夫海纳:《美学与哲学》,孙非译,130、111页,北京:中国社会科学出版社,1985。

⑤　对苏珊·朗格的质疑和批评在西方和中国都从未停止。例如,除了戈斯,奥克

绪尔(Auxier)明确指出了朗格理论中“符号”的双重特性。乔治·迪基(George Dickie)对朗格“符号”一语的非传统运用进行了反驳。中国的查常平在《艺术:人的生命情感的象征性形式》中认为“符号语言对于生命情感的表现存在内在的无能”。程小平在《符号论美学:艺术形式的诗学研究》中指出,明确的逻辑理性结构“缺乏创造的弹性,无法从中产生对于艺术的新认识”。吴炫在《论符号美学》中认为朗格没有清晰地区分艺术符号和审美符号,造成了美学符号学、文艺符号学和文化符号学的混淆。

⑩⑬⑭⑮⑯　苏珊·朗格:《情感与形式》,刘大基、傅志强、周发祥译,36、126、126、128、5页,北京:中国社会科学出版社,1986。

⑱　索绪尔:《普通语言学教程》,高名凯译,38页,北京:商务印书馆,1980。

⑲⑳㉑　Susanne K. Langer, *Philosophy in a New Way: a study in the symbolism of reason, rite, and art*, Harvard University Press, 1957, p24、25、53.

王　冠　四川大学文学与新闻学院　博士研究生　邮编:610064

广告的明喻原则与远距修辞

◎饶广祥　蒋诗萍

一、广告修辞研究未真正开始

修辞学研究说服的规律，广告则以说服消费者为己任，它们的本质都在“说服”。修辞是提高广告说服力的最主要手段，广告修辞是广告研究的核心问题。

修辞学从诞生开始，就以提高言辞的说服力为目的。这从修辞学的定义上可以看出。第一部系统的修辞学理论著作，亚里士多德的《修辞学》主要是在讨论“修辞术”。在亚里士多德看来，修辞术就是“一种能在任何一个问题上找出可能的说服方式的功能”[①]。修辞学可以理解为研究最为有效地表达思想感情的形式，研究在不同交际领域恰切地选择与组合语言的手段，研究语言单位在言语活动中使用规律的学问。[②]比利时列日学派把修辞看做将“简单直接陈述”(simple proposition)转化为“比喻性陈述”(figurative proposition)，更直接地指明了修辞的目标是改变表述方式，以提高言辞的说服效果。修辞学往往运用在文学领域中，以提高文本的感染力，引起读者的共鸣。

广告的任务是说服。广告不仅是简单地传递信息以提高商品认知度的“广而告之”,更重要的是“提出主张,征求同意”[3],说服消费者接受某种观点,进而消费商品。衡量广告效果的最重要指标之一是认可度——接受广告观点的消费者比率。要获得认可度,广告文本就必须有足够的说服力。如何提高广告说服力成为广告商、广告人最关心的问题,也成为广告研究最核心的问题。而提高广告说服力最常用的技巧就是修辞。从这个意义上说,广告修辞是广告运作、广告研究最核心的问题。

广告修辞对广告研究和广告运作的重要性,不仅仅体现在其对广告效果的巨大影响,还体现在其在广告领域的广泛应用。在今天这样高度发达的消费社会里,商品大量生产,供大于求,消费欲望不足,而且商品严重同质化,不使用修辞技巧、直接陈述商品信息的广告的效果越来越弱,那些充分使用修辞技巧的广告大行其道,成为广告的主流。可以说,只有充分研究广告修辞才能理解当代的广告。

修辞是影响说服效果的关键因素之一,在广告中大量使用,极为重要。对如此重要的问题,学界却未对其展开充分研究。已有的广告修辞研究,大多以广告语和广告文案为对象对广告修辞进行归类,这是广告修辞最重要的研究方向,成果颇多。林兴仁《广告的语言艺术》一书对广告的修辞技巧进行了分类,包括:喻我、夸张、比拟、借代、双关、暗示、诗联、设疑、变词、重复、省藏与形意等 12 种。[4]周建民《广告修辞学》一书认为广告的修辞手法则有:比喻、比拟、夸张、双关、引用、排比、对偶、反复、同字、顶针、回环、镶嵌与仿拟等 13 种。[5]台湾学者倪台瑛从台湾十年流行语“金句奖”的入围作品中探讨广告如何应用修辞学的理论,把常用的广告修辞方法总结为 14 类(双关、比拟、方言、夸张、呼告、外来语、对比、比喻、押韵、感叹、设问、析词、对偶、摹写)。[6]还有的学者深入讨论某一种修辞手法在广告中的运用,比如邢芙蓉、王进文在《论双关修辞在广告语中的妙用》讨论了广告语中的双关运用可分为谐音双关和语义双关两种。[7]

此种排比分类法是当前广告修辞研究的主要方向。其特点是以广告语和广告文案研究,把传统的修辞手法引用到广告分析,结论都大同小异。这样的研究路径的缺点在于:忽视了广告的多媒介特征,无法揭示广告修辞的内在逻辑,缺乏足够的解释力。同时,方法本身不匹配。修辞一直都在语言领域里讨论,其内在的对象是文字语言。这些修辞方法并不适用于讨论多媒介的广告。因此,广告修辞研究从未真正开始。

二、广告修辞与广告的明喻原则

上文回溯了广告修辞研究的现状,并认为:当前的广告修辞在研究对象、研究方法上都有根本性局限,无法彻底讨论清楚广告修辞的问题。要讨论广告修辞,首先应该把广告定位为多媒介文本。近几十年广告发生了巨大的变化,纯文字的广告很少出现,大多数广告都是以图、文、影像结合的方式出现的。媒介形式的变化必定影响广告修辞。其影响主要表现在两个方面:一方面,在诸多媒介中,文字的重要性在下降,图片、影像等非语言部分逐渐成为广告文本表意的重要部分,并且是广告表意无法避免的部分。这样,广告修辞的许多技巧发生在这些非语言的媒介上。单纯考察文字,容易以偏概全。另一方面,广告修辞可能发生在各媒介的互动中。比如反讽和悖论就受媒介组合的影响,如果单纯考察某一个媒介的修辞,可能被认为是反讽;但如果综合多种媒介表意,可能得出的结论是悖论。单独考察某一个媒介,必然忽视广告作为多媒介的修辞特点。

媒介变化决定了研究方法的变化。广告文本是多媒介文本,传统的基于语言的修辞手法不能有效解决广告修辞的问题。传统的修辞讨论以文学作为主要的研究领域,在文学语言的表述特征方面,取得了丰硕的成果。随着社会进入广义叙述时代,广告、游戏、电影、旅游等大规模的多媒介叙述成为社会表意的主要媒介,对修辞学提出了新的挑战,迫使修辞学不得不进行调整,从语言学转向符号学。因此,许多学者都认为"新修辞学"的主要发展方向,是符号修辞学。

20世纪不少学者在不同方向探讨"新修辞学",韦恩·布斯也努力把修辞学从小说研究推进到"泛修辞学",巴尔特的《图像修辞》把修辞学拉进了平面广告研究,开始了符号修辞学的尝试;赵毅衡进一步把修辞学发展成符号修辞学,系统地提出了符号修辞的基本类型。

与传统的修辞学不同,符号修辞学是处理包括语言在内的非语言的媒介。"语言虽然是人类文明最大的符号体系,却与其他符号体系有很大差别。一旦修辞学进入其他渠道(图像、实物、声音等),进入其他媒介(影视、表演、运动、比赛、广告、音乐、电子游戏),我们就会发现修辞格几乎都是各种媒介共有的,与渠道或媒介并不捆绑在一道……实际上符号修辞比语言修辞自然,因为它必然是'就近取譬'。用语言作比喻的人,在他自己生活中取用例子,往往比较生动,而符号修辞必然是'就近取譬',因为符号的载体必须用在修辞中。"⑧

但符号修辞学研究遇到的大障碍是:语言表现力过于强大,要区分语言修辞与非语言修辞极为困难。因此赵毅衡认为:符号修辞学要成为一个独立的学科,就必须避开语言陷阱,以免回到语言修辞，同时又必须使用语言，我们能做到的只是尽量在两者之间维持平衡。在这个原则之下，赵毅衡系统地论述了符号修辞的各个类型：概念比喻、符号明喻、隐喻、转喻、提喻及各种变体、象征、反讽与悖论。⑨

赵毅衡的符号修辞方法为广告修辞提供了有效的工具。广告修辞也有概念比喻、符号明喻、隐喻、转喻、提喻，以及各种变体、象征、反讽与悖论等类型。然而，研究广告修辞关键是讨论广告修辞的独特性。广告是说服受众接受其所传播的有关商品观念的文本。这一独特性决定了广告修辞有固定的对象，那就是最后出场的商品的图像与名称。不管广告如何陈述，最终都要指向商品，这种指向具有强迫性。因此，赵毅衡指出：在广告中，比喻关系必须明确而固定。商品的图像与名称最后一定出现，而且必然是喻旨之所在，因此广告的比喻必然是明喻……广告的一切表现，比喻双方的强制性连接，如系辞"像"一样明确。⑩

广告的明喻原则是广告和其他体裁的根本区别。在广告中，喻旨是最后一刻出现的商品的图像和名称。喻体是喻旨之外的陈述。在赵毅衡拓展的符号修辞学里，修辞是喻体和喻旨之间的一种关系。比如，概念比喻中，喻体和喻旨是一种跨媒介的关系，转喻是一种连结关系，提喻是局部与整体的关系，明喻则表现为喻旨和喻体间的强迫解读关系。在符号修辞学中，喻体的范围更为广泛。

比喻两造之间的关系可以创造出修辞距离。"距离"原本是指时间上和空间上的相隔，后来移用至美学，用以表示审美活动的特殊心理状态。在修辞学里，距离虽然未被明确提出，但许多修辞学家提出了近似的概念，比如修辞是对日常用法的、对常规的偏离等。

明喻原则对广告表现影响巨大。突出表现是，即使广告修辞的喻旨和喻体之间的距离很远，广告文本的表意一样可以沿着既定的意图定点被解读。那研究广告修辞的关键点是广告距修辞到底有多远？或者说广告修辞的边界在哪里？这是讨论广告修辞的关键所在，也是本文的主题。讨论这个问题，就是在讨论作为商品的喻旨，在整个广告中处于什么位置、和喻体的关系如何。

学界有关修辞距离的讨论较少。王可峰、宁文忠对汉语中的修辞距离进行了较为详细的讨论。他们把汉语修辞艺术中的“距离”分为时空距离、心理距离、逻辑距离、情感距离。[11]时空距离是时间和空间间隔而形成的距离；心理距离也是审美距离，最早由布洛提出。王可峰和宁文忠认为：艺术美感来自观赏者主观感知和艺术品之间的“心理距离”，在汉语修辞艺术中，人们总是有意识地根据题旨情境的需要，通过某种手段调整语言，使接受者在解读文本时产生一定的心理距离，从而达到修辞的目的。为了说明“心理距离”，他们举了双关的例子：这种修辞格，以此关彼，借此说彼，现此隐彼，具有“兴发于此而义归于彼”的特点，由于其文本在语义的深层与表层之间有一定的“距离”，所以能给接受者的解读留足回味咀嚼的空间。由此可以看出：这种“距离”是由“心理距离”反映出来而实现文本审美价值的。逻辑距离借用了潘肖钰的“反逻辑”的概念[12]，即有的文本从表面上看有悖逻辑，或超乎寻常逻辑，深层却是合乎逻辑的一种现象，因此，我们在这里提出的“逻辑距离”这一概念，实际是“反逻辑”现象。[13]逻辑距离是表层的有悖逻辑和深层的合乎逻辑之间的距离。所谓情感距离，即指修辞活动时，表达者通过文本把握的情感的分寸。比如，“夸张”修辞格在使用时需注意“夸而有节，饰而不诬”。

王可峰、宁文忠的四个距离类型之间的区别不明晰。四个分类中，时空距离和心理距离很好区分：一个是站在文本角度，一个是站在受众角度。逻辑距离中的合理逻辑和不合理逻辑的区分，须建立在受众的认知心理上，这和他们在心理距离中举的“双关”的例子是一样的。情感距离中，把握情感的分寸只是修辞的要求，并不是修辞的距离。划分的标准不统一，导致混淆。

其实,从修辞学角度看距离,无非两种:一种是符号联结所形成的时空距离;一种是"偏离"所形成的"阅读距离"。前者无需讨论,只要存在符号联结,就会有时空距离。"阅读距离"就比较复杂了,必须从可偏离的对象出发来讨论。本文试着以广告为例,作一番尝试。

在广告文本中,喻旨和喻体联结成文本,形成物理关系,表现为时空距离,这种距离的远近取决于文本本身的长度。本文把这种由于符号联结而形成的距离,称为符形距离。

阅读距离主要是取决于偏离的对象。从形式角度看,偏离的对象是广告体裁所确定的受众的期待。偏离了受众的期待,就会有"阅读距离"产生。

关于广告体裁的期待,除了赵毅衡外,未见有人讨论。赵毅衡归纳了三点期待:"诚信"是广告的第一期待。"诚信"就是让潜在的顾客觉得广告说的是老实话,没有故意的欺骗意图。第二期待是区分。广告劝人购买的商品或服务,必须让顾客看到这家的货与别家有别,不是价廉,就是物美,或是两者兼有,或者有其他值得购买的好处。广告的第三个期待是相关性。相关性指与接收者的生活方式有关,与他们的经验积累和生活欲望有连接的可能。[14]如果侧重于受众的期待,上述三个期待可以这样解释:"相关"期待要求受众在阅读广告时找到表述和商品之间的相关性;"区分"期待决定了受众在阅读广告时,希望看到商品的优点;"诚信"期待让受众觉得广告是真实的。

广告通过修辞,突破这三个期待,便会形成三层"阅读距离"。

广告突破"相关性"的做法往往是,叙述一个故事,通过情节安排降低喻体和喻旨之间的相关性。这样就创造了外在于商品的情节世界和商品之间的距离,这种距离,类似于符号和世界的关系,所以本文称之为符义距离。

"王婆卖瓜,自卖自夸。"强调商品的优点,是广告的基本模式,也促成了“区分”期待。现在很多广告利用这一期待进行创意，偏离“商品优点”，传播商品的“缺点”，创造了“阅读距离”。这种距离，以广告“明喻”原则为前提，同时十分依赖受众的“矫正解读”。这种距离需要处理“商品信息”和受众之间的关系，进入符用范畴，因此本文把这种距离称为“符用距离”。

广告通过对“诚信”期待的偏离，将广告“真实”、“销售商品”的体裁特征揭示出来，从而出现“广告里说广告”、“广告说广告不真实”，获得了阅读距离。这种距离往往是通过跨层的方式来实现的，因此，是一种跨层距离。

通过系统分析，广告修辞距离分为四大层级：1. 符形距离：商品的直接陈述和商品之间的距离，这种距离是符号联结所形成的时空距离，往往发生在直陈型广告中，因为广告短小精悍，且喻体中一般都是出现商品，因此这种距离接近于零；2. 符义距离：通过偏离“相关性”获得的距离，是外在于商品的情节（喻体）和商品（喻旨）之间的距离，这种距离一般出现在情节型广告中；3. 符用距离：广告所传达的商品负面特征和商品之间的距离，这类距离往往存在于反讽型广告，依赖接受者的“矫正”解读；4. 跨层距离：这种距离存在于元广告中，突破广告体裁，通过跨层创造距离。

三、直陈型广告与符形距离

直陈型广告是指广告直接介绍、论证商品的特征和功效。此类广告类似于商品的说明书。直陈型广告处理的是商品自身的问题，是站在商品内部组织符号进行表述，广告陈述（喻体）和商品（喻旨）之间只有符形距离。因为广告陈述的内容本身就是商品，所以直陈型广告是“零修辞”的广告，符形距离也接近零距离。

“零”和“零度”是修辞学中的重要概念。罗兰·巴尔特提出“零度写作”的观点:零度写作是一种直陈的写作,亦即“消除了主体态度、情绪表现的写作风格”。让·柯亨(Jean Cohen)讨论了相对零度(relative degree zero)和绝对零度(absolute degree zero)的区别:相对零度是具有最少修辞标志的语言,不带任何辞格的语言运用,这种语言就是科学语言。列日学派指出,给“零度”下一个准确的定义很难,只能说“零度语言”是指“朴素”的、没有任何做作的、没有任何暗含意义的语言运用。他们区分了绝对零度(absolute degree zero)和实际零度(practical degree zero):绝对零度是指包含基本语素的话语,是科学语言力求达到的一种理想状态;实际零度是其中包含了基本意素和降低至最少程度的边缘意素的话语。

李幼蒸在《理论符号学导论》里进行了总结:零概念可以表示中间、中性,也可以表示无、虚无、欠缺或者待变的过渡态。这些一般性喻义后来都被用在语言学中。如语言学的“零度”概念往往指语言系统内一种形式或语义的特征的“欠缺”,因此在此系统中有关诸单元可以按此特征的出现与否彼此规定。[15]

直陈型广告是“零度”修辞的广告,主要有两个特征:

第一,中性的表述和风格的欠缺。

直陈型广告在陈述上力求客观、中性,以提高广告的真实度,增强说服力。追求客观真实的手法有几个方面。一方面,如巴尔特所说“消除了主体态度、情绪表现的写作风格”,往往采用第三人称的角度展开叙述,偶尔使用第一人称展开陈述,也往往使用客观介绍的表现手法。另一方面,尽量少使用修辞,缩短无限衍义的范围。如珍爱网的广告,由当前知名的相亲节目江苏卫视《非诚勿扰》的嘉宾乐嘉来代言。在广告中,乐嘉第一人称叙述:“我是乐嘉,我推荐珍爱网。珍爱网是由专业红娘提供服务的相亲网站,700 位专业红娘,一对一的贴心服务,已让百万人成功相亲。今天就登陆珍爱网,相亲快，找珍爱。”在这则广告中，虽然采用的是第一人称的叙述，但乐嘉的整体陈述倾向于客观介绍，几乎看不到个人情感的流露，这样，整个广告看起来真实客观。同时，用语朴素，意图定点明确，无暗含的意义。

第二，内容上以商品的介绍为中心。

直陈型广告的另外一个重大特点是，广告内容以介绍商品的属性为中心。广告和文学等其他体裁的区别在于：广告是推销商品的，有关商品的信息是主体内容。在直陈型广告中尤其如此。在上面举的珍爱网的广告中，短短15秒，9个句子中，几乎都是在介绍商品。又如最近的另外一则碧生源牌肠润茶的广告，整个广告几乎所有镜头都是品牌的相关元素。

在平面广告中，直陈型广告也不少见。如美国著名广告人李奥·贝纳(Leo Burnett)为绿巨人(Green Giant)豌豆所做的著名广告《月光下的收成》。其广告词为：无论是白天还是夜晚，绿巨人豌豆总是用最短的时间选妥，风味绝佳……从收获到装罐不会超过3小时。画面上描述了月光下采摘豌豆的场景。这个广告通过豌豆采收的时间短，来说明绿巨人豌豆的新鲜。

当然，直陈型广告并不是“绝对零度”的广告，并未完全消除主体的态度情绪，也不是完全不存在修辞。在上面李奥·贝纳的绿巨人豌豆广告中，“月光下的收成”这个标题使用了转喻，把皎洁的月光和绿巨人豌豆联接起来，从而强化了豌豆的新鲜。因此，李奥·贝纳对这个标题非常得意：如果直接写成新鲜的豌豆，则会变得枯燥无味。

直陈型广告只有符形距离。本文的符形距离、符义距离和符用距离这三个术语是从美国符号学家莫里斯那里借用来的。莫里斯把符号学分为符形学(syntactics)、符义学(semantics)和符用学(pragmatics)。[16]符形学研究的是符号组合的形成方式，处理符号和符号之间的关系。符义学研究意义的传达与解释,处理符号(在能指层面上使用“符号”这个词)与意义的关系。符用学研究符号与接收者之间的关系。在广告修辞中,商品作为喻旨是固定的一端,因此,本文使用这三个术语描述商品与其他符号(陈述或者叙述)之间的关系。符形处理商品与商品表述之间的关系;符义讨论商品与外在于商品的情节(世界的意义)的关系;符用讨论受众如何解读商品表述。

符形距离是指商品和商品表述之间的距离。上文提到,修辞距离是广告表述和商品喻旨之间的距离。直陈型广告中,广告文本都是对商品的直接陈述,所以它和最后出现的商品之间的距离只是符号连结形成的长度,或者是符号之间组合所造成的距离,这种距离本文称之为符形距离。用这个术语的另一个原因是,在直陈型广告中,处理的是商品自身表述的问题,未涉及或很少涉及商品之外的世界、使用者等其他因素。

符形距离接近零距离。第一,直陈型广告中,符号直接介绍商品,和商品没有距离;第二,符号本身是科学语言,意图定点明确,衍义空间小;第三,广告短小精悍,文本的时间跨度也短。

直陈型广告是一种“相对零度”的广告,是一种接近科学语言的广告类型,是广告修辞的起点。因为只有直陈型广告,才能够全面准确地介绍商品,具有明了直白的特征,但也正因为这样,广告因过于直白而缺乏解读张力。特别是随着广告信息越来越多,零距离的直陈型广告越来越难吸引受众的注意,说服力也受到一定影响。因此,使用修辞技巧,创造解读距离,成为必然。

四、情节型广告与符义距离

直陈型广告因直接陈述商品,过度直白,在信息泛滥的广告环境中难以引起受众的兴趣。为了改变这种说服模式,广告创作者把情节引入到广告中,把商品置于外在于商品的情节中,通过故事来吸引受众,制造悬念,创造解读张力,这类广告是情节型广告。

情节型广告和直陈型广告有较大的区别。直陈型广告是一个陈述,陈述商品的特点。情节型广告是一个叙述,具备叙述的基本要素:1.有人物参与的变化,形成情节,被组织进一个符号文本。2.此符号文本可以被接收者理解为具有时间和意义向度。[17]因此,是否有人物卷入到广告叙述中和内容,以及是否具有时间向度是它们的关键区别所在。在直陈型广告中,广告倾向于"科学地"描述、介绍商品,没有人物卷入,也不具有状态的变化。比如上述的绿巨人豌豆的广告,只是客观陈述豌豆的新鲜,没有人物,也没有状态变化。

在《奥美的观点》里面有一个恰当的案例可以说明这两者的区别。美国马丁广告公司的创始人马丁为威廉士堡的四栋古建筑创作广告以吸引客人来游览。这四栋古建筑中有沛顿·蓝道夫[18]所建造的一栋殖民时期式的房子。因为建筑正在整修,所以马丁无法像大多数旅游广告那样,使用照片作为广告的主要内容,以告诉游客目的地的情况。在公司艺术指导的建议下,马丁决定邀请当时的著名画家诺曼·洛克威尔把建筑画成素描画,当做广告画面。他们为洛克威尔提供了经过客户层层审核的草图(草图的重点是展示蓝道夫的房子)。但洛克威尔创作出来的画完全不一样:把焦点集中于紫薇树的树枝上。在这幅图上,你所能看到的就是房子突出在每一边的角落。然后他在前景的部分又添加了一项——沛顿·蓝道夫的铅笔画像,配上鬈曲的假发。当然他是画得很好,但却不是原来那张广告。[19]当马丁质疑那栋"威廉士堡的人非常引以为荣"的房子被枝叶遮住而未成为画面主角时,洛克威尔说明了他的创作意图:"我以为你要的是我在法国画的那样的素描——我对景色的印象。

这栋房子前面有一棵不错的树，所以我就把它画出来了。你知道，如果你要的只是这栋房子正确的图形，你可以找建筑师，他会画出很好的剖面图。但是，如果你要这幅画帮你说故事，那么我会这么做，就像我画的这个一样。加上这个肖像，我为的是要帮你叙述一个故事，有关一位曾经住在这里的人物的故事。"[20]

这位著名画家一针见血地点出了直陈型广告和情节型广告的区别。马丁和广告客户原本想要的是直陈型广告：画出房子的准确图形；而画家创作的是情节型的广告：叙述了房子主人沛顿·蓝道夫的著名事件。在这个广告中，房子不再是陈述的重点对象，而是作为蓝道夫故事的一个组成部分出场。

情节型广告中，情节是广告的主要组成部分，受众为情节所吸引，而广告明喻原则最终将情节指向商品，这样，商品外的意义与商品之间产生了解读距离，本文把这种商品和外部情节（世界）之间的距离称为符义距离。

图1 wallis广告

在平面广告中也普遍存在着符义距离。如图1，这则沃丽斯（Wallis）广告中，符义距离显而易见：倚栏观海的美女、撞栏的汽车（喻体）和沃丽斯（喻旨）的关系是什么？稍作思索，我们可以读出一个完整的故事：穿着沃丽斯的美女如此动人，开车司机分心撞栏杆。

五、反讽型广告与符用距离

情节型广告把商品放置于情节中，通过情节和商品之间的关系制造修辞距离。这样的叙述方式,遵循了广告的基本特征,即广告作为传播商品信息、说服受众接受的手段,正面描述商品、介绍商品的优势是广告的常态。反讽型广告突破从正面介绍商品的固有模式,使用反讽的修辞手法,言非所是,从反面来介绍商品,传递商品的劣势。它往往通过以"丑化"商品作为喻体,与商品形成"距离",从而创造解读张力。由于这类型的广告依赖受众的"矫正"解读,本文把这种距离称为符用距离。

符用距离是指广告文本的表意和接受者最终的解读之间的距离。和符形距离、符义距离不一样的是,这种距离必须通过接受者的"矫正"解读才能获得,因此更加依赖接受者的参与。当然,这并不是说符形距离和符义距离不需要接受者参与,而是程度不一样。直陈型广告表意直白明确,符形距离短,几乎不需要接受者卷入阅读。符义距离要求接受者进入广告文本,联想解读,但只是要求受众从正面解读广告。

符用距离的获得主要通过反讽的修辞手法。反讽(irony)是另一种超越修辞格的修辞方式。其他修辞格基本上都是比喻的各种变体或延伸(如象征),立足于符号表达对象的异同涵接关系;反讽却是符号对象的排斥冲突。其余修辞格是让双方靠近,然后一者可以代替另一者,象征也只是加强了这个趋势;而反讽是取双方的对立面,将两个完全不相容的意义放在一个表达方式中。其余的修辞格是用各种方式接近一个意义;反讽却是欲擒故纵,欲迎先拒。[21]因此反讽充满了表达与解释之间的张力。

反讽是现代广告的重要修辞方式。反讽的大量使用是以广告的明喻原则作为保证的。不管广告如何丑化商品,如何反面陈述,商品最终都会作为纠正系统,引导受众进行正面解读。

正如赵毅衡所说:广告与招牌这样的符号,明显有两个渠道。商品展示,是主渠道,意义最后要聚集到商品本身。正因为此,广告可以拉开距离，因为商品的展示必然把意义“矫正”到广告制作者意图中的正确位置。由于这个意义保证，广告的名与实之间的距离拉开得越远，实物能指需要矫正的距离越大，广告就越发人深思，给人的印象就越深刻。[22]

广告的反讽主要有两大类。

第一类是在单媒介上“反讽”。赵毅衡把这种形式的反讽分为三种：“双读”反讽式；貌似反话式；低调陈述式和自贱命名。[23]

“双读”反讽在广告中经常使用。比如某一个网吧店名叫“语过添情”，理发店取名为“人民发院”、“发改委”，茶馆取名为“井茶局”，鞋店取名为“和鞋生活”。

第二种反讽是貌似反话。这种方法逆着“广告为商品说好话”的阅读心理，提高广告的记忆度。比如饭店取名为“无饿不坐”，鞋店取名为“心存鞋念”，衣服店取名为“包二奶”、“衣冠勤售”等。

更远距的反讽是低调陈述式和自贱命名。这种广告往往使用大胆，容易引起受众注意。比如某餐馆取名为“太难吃”，某店取名为“厕所串串”等。

单媒介反讽模式其实是语言反说，通过商品来“矫正”表意。

第二类是跨媒介反讽。广告表意是多媒介的，所以反讽可以发生在媒介之间，用一种媒介来“矫正解释”另一种媒介，比如文字和图像之间的“矫正”、对白和文字之间的“矫正”。这样的发生在广告文本内部的媒介之间的反讽，可以创造巨大的解释张力，令人印象深刻。中兴百货经典电视广告“图书馆篇”有这样的反讽。在这则30秒电视广告中，第8秒出现字幕“有了胸部，你还需要”（字幕不完整，且剧中竖排，见图2）时，却没有出现声音（独白），等到第14秒出现独白时，字幕早已经结束，这样的音画不合，颇让人费解，引人思索：字幕的出现是要干什么？仔细看图2，才发现画面在模仿马奈的《草地上的午餐》。字幕在这个时候出现，而且以居中竖排的方式出现（通常情况下，为了不影响画面的整体美感，字幕会横排在图片的下方），是要破坏这幅名画本身的平衡构图，而不是为了配合字幕，这是典型的“音画不合”的反讽使用。此广告从整体来说，这个反讽使用得非常巧妙，有力地强化了广告的主题：打破传统，对抗权威。

图 2　中兴百货广告

符用距离充分利用了广告的明喻原则，使广告充满张力，有效地提高了广告的认知率和记忆率。

六、元广告和跨层距离

前面三类距离，不管是符形距离、符义距离还是符用距离，都是在广告文本的内容上通过分离商品和表述创造的。还有一类距离发生在广告体裁上，通过突破体裁的属性，实现叙述跨层来制造解读张力，创造“跨层距离”。

跨层指“属于不同层次的人物进入另一个层次，从而使两个层次的叙述情节交织”[24]。跨层是小说常用的叙述技法。广告运用跨层，便成为元广告。

元广告是“关于广告的广告”，也就是广告文本里，出现讨论广告本身的内容，把广告元语言暴露给受众，提醒受众注意：你读的是一则广告。要实现在“广告里说广告”，需要广告里的人物（主叙述层的人物）跨层到广告之外（超叙述层）。元广告是违背广告的操作原则的。广告为了追求说服效果，增强真实性，一般会隐藏其“广告性”。一个广告看起来越不像广告，越能消除或穿越受众的心理防御和心理反感，因此也越易为受众接受，效果也就越好。广告隐藏其“广告性”似乎是广告的基本逻辑。而元广告揭开了广告的这层面纱，在广告中说广告，提醒受众阅读的是一则广告，从而破除了广告“隐蔽目标”的常规定律，亮出了广告目标，这样，隐蔽的“推销商品一商品”的叙述模式被打破，变成了“推销商品广告一商品”之间的叙述模式，构筑解读张力，反而创造了修辞距离。在前面三类距离中，“广告味”越弱，修辞距离越长。在元广告中则恰恰相反，“广告味”越浓，距离越远。

图3　卡尔顿干啤广告

元广告的操作根据对“广告性”的暴露方式不同，有所区别。其中一类元广告是揭示广告体裁本身，提醒受众，该广告就是一则广告。比如，卡尔顿干啤的某则广告，画面开始出现了一群穿着黄色道袍的修道士，排着长队，和着弥撒曲的旋律，边往前跑，边唱：这是一个大广告；另外一边，一群穿着红色道袍的修道士从相反的方向走向黄色长袍的队伍，应和着唱：非常大的广告，我们正在做一个大广告，这是一个大广告……让人难以置信的大广告，这是卡尔顿干啤的广告，昂贵的广告，最好能够多卖点啤酒……和着音乐节拍，红黄两队向对方队伍冲过去，最终交会在一起，红色的队伍组成了一个人的形状，而奔跑着冲进红色人群的黄色人群像是冒着气泡的啤酒。(见图3)整个广告场面极其壮观。此广告的最大特点是，在广告里面直接说广告本身：这是一个大广告，昂贵而规模巨大的广告，并且点明了广告的目的——最好能够多卖点啤酒。由此可见，这类跨层距离是通过暴露广告目的和隐藏广告意图之间的对比冲突创造出来的。

另一类元广告是通过把广告变“假”，突破广告真实性要求的方式实现的。直接否定广告本身的真实性，陈述一个“假”的内容，从而让广告不再像广告。广告的真实被认为是广告的最根本属性。不管是广告法规还是广告实践，都要求广告必须遵循真实性。真实性是广告起效的基础，也是广告体裁的核心属性之一。广告往往通过各种方法，来论证它所传播的内容是真实的。广告往往聘用名人来代言，就是希望通过名人本身的威信来提高商品和广告的可靠度。各大广告商纷纷投巨资到中央电视台打广告，也是为了借用中央电视台本身的权威度来加强广告的真实性。这类元广告则不一样，它故意把看上去完全不可能真实的内容当做广告材料，传播给受众。从叙述学的观点看，广告是一种“拟事实”叙述：“作为解释前提的语境尚未出现，本质上是虚构；但是这些叙述要接收者相信，就不可能是个虚构性文本。”[25]元广告突破了广告的“拟事实性”的体裁特征，把广告拉进了文学艺术的类型。这样的突破，创造了远距离：喻体所有的内容都是“虚构”的，和商品的关系极其松散，甚至完全否定了商品本身的可能属性。

五十铃牌(ISUZU)汽车的一则电视广告是佳例。广告内容是这样的：一名男子站在镜头前说：ISUZU 车速如飞，这听起来像是在撒谎。说完这句话，男子拿起一把枪打出一颗子弹。然后他跑向一辆红色的轿车，边跑边说：但，请看，这辆车时速可达 1000 公里。

子弹在前面飞。男子上车后并没有立即开车去追子弹,而是先对着后视镜整理了下头发,还做了一个鬼脸。车在追子弹的过程中,做了蛇形等特技动作,显得一点都不着急,摆出一副让子弹先飞一会儿的架势,中间男子侧过头来对镜头微笑的动作更加强化了这一点。然后汽车加速追上并超过了子弹。男子下车,拿出一张打靶使用的纸,等着子弹到来。子弹穿过了靶心,被男子的嘴巴接住。然后男子说"You do know"(你懂的)。然后出现了 ISUZU 的标志。广告结束。(见图 4)

图 4　五十铃牌(ISUZU)汽车广告

之所以要如此详尽地描述这个广告，是因为有许多细微处在不断强调这个文本的“不真实”，比如男子在开车前整理头发，开车时蛇行等；特别是男子最后一句话：“你懂的”，更是在提醒观众：我说的都是假的，请不要相信；而第二幅字幕就说：“看起来像谎言”，则直接点明了广告的不真实。

从上面的广告分析可以知道，广告片通过故意说一个完全不可能的事情，来强化广告的表意：我说的事情是假的，不要相信这个广告的内容。但由于广告的明喻原则，觉得这个广告有趣的受众，开心一笑之余，虽然不相信广告，但留下了深刻的印象。这也是这则广告的目标。

这两类元广告通过跨层操作，在不同的层面上（广告体裁和广告真实）露迹，创造了修辞距离，也形成了独特的广告风格。

广告的明喻原则是广告修辞的根本原则。由于这个原则的存在，远距修辞才成为可能。本文讨论的四个距离级别，它们不一定是由近及远的距离，因为广告的修辞距离还受广告内容和创意的影响。

广告总是在追求创意，创意也被认为是广告的灵魂。广告大师詹姆斯·韦伯·杨给创意下了一个著名的定义：旧元素，新组合，指出了创意是不同元素的重新组合的结果，但他没有说明的是，新组合的目标是创造远距修辞，这也正是本文最重要的意义所在。

---

① 亚里士多德：《修辞学》，罗念生译，24页，北京：生活·读书·新知三联书店，1991。

② 科任等：《俄语的功能类型》，2页，本文转引自张会森著《修辞学通论》，上海：上海外语教育出版社，2001。

③ 蒋荣昌:《消费社会的文学文本》,成都:四川大学出版社,2004。

④ 林兴仁:《广告的语言艺术》,武汉:武汉测绘科技大学出版,1994。

⑤ 周建民:《广告修辞学》,武汉:武汉出版社,1998。

⑥ 倪台瑛:《从广告用语探论二十一世纪中国修辞学发展的趋势》,1—30页,《淡江人文社会学刊》,2005(21)。

⑦ 邢芙蓉、王进文:《论双关修辞在广告语中的妙用》,65—67页,《现代语文》(语言研究版),2007(6)。

⑧⑨⑩⑭⑰㉑㉒㉓㉕ 赵毅衡:《符号学原理与推演》,209、187、191、139、327、213、213—215、330页,南京:南京大学出版社,2011。

⑨ 赵毅衡:《符号学原理与推演》,南京:南京大学出版社,2011。

⑪⑬ 王可锋、宁文忠:《"距离"与汉语修辞艺术》,42—45、42—45页,《甘肃高师学报》,2010(6)。

⑫ 潘肖钰:《公关语言艺术》,69页,上海:同济大学出版社,2003。

⑮ 李幼蒸:《理论符号学导论》,349页,北京:中国人民大学出版社,2007。

⑯ 国内有学者把这三个术语翻译为句法学、语义学和语用学,本文采用的是赵毅衡的翻译,他的翻译可以避免与语言学混淆。

⑱ 这则广告文案写道:你记得沛顿·蓝道夫,不是吗?200年前,他是最富有影响力的人物之一,今天,他却是最被人遗忘的人物之一。他是第一届北美十三州国会的议长,维吉尼亚州下议院发言人,北美十三州司法部长。事实上,沛顿·蓝道夫在独立战争之前的数年间,几乎主导了维吉尼亚州的每一个立法机构。他同时亦被英国列为主要通缉分子。1775年,国民自卫队尊称他为国父。参见宋秩铭、庄淑芬编著:《奥美的观点Ⅰ》,173页,北京:企业管理出版社,2000。

⑲⑳ 宋秩铭、庄淑芬:《奥美的观点Ⅰ》,168、169页,北京:企业管理出版社,2000。

㉔ 赵毅衡:《当说者被说的时候——比较叙述学导论》,71页,北京:中国人民大学出版社,1998。

饶广祥 四川大学文学与新闻学院符号学—传媒学研究中心 邮编:610064

蒋诗萍 四川大学文学与新闻学院符号学—传媒学研究中心 邮编:610064

游戏符号学的基础

——“游戏文本”与“游戏表意”问题探索

◎宗 争

游戏是历史最为古老的人类活动之一，是迄今为止仍然活跃的、意义最为深远的人类活动，也是参与人数最多、影响力最大的人类活动之一。游戏作为人类社会一种不可或缺的娱乐形式和文化现象，已经被学术界纳入研究视野，从计算机理论、教育学、心理学、哲学、文化社会学等角度展开的游戏研究已经颇成气候，甚至学术界已然出现了专门以电子游戏为对象的研究——“游戏学”(Ludology)。

然而，无法厘清自己的研究对象——这一现象普遍存在于各种维度的游戏研究中。游戏首先是一种人类活动；其次，每种游戏都包含了固定的游戏形式，经由人类参与的游玩过程，形成了各具特色的游戏样态；并且，由于观看者的介入，许多游戏拥有了传播效果。我们不难发现，从宏观的游戏活动到具体的游戏过程，产生了诸多不同层面的文本。因而，我们要问：

一、游戏文本是什么?

我们将游戏研究者容易混淆的研究对象作了大致的梳理,通常,游玩事实、游戏文本、游戏规则易被混为一谈。出现这一问题的原因可想而知,游戏既是一种需要主体参与的活动,又是拥有明确规则的形式,从不同的定义和角度对游戏进行分析,必然会有对游戏文本不同的划分方法。我将游戏定义为有规则的、指向不确定结局的、虚拟作假的竞争活动。[①]由此,我们可以对游戏文本进行规定和划分。对于游戏活动而言,大致可以分为这样几个层面:

1.游玩事实:游戏者参与游戏活动的具体事实。对于游戏者而言,游戏过程往往是不完整的,如棋类游戏允许游戏者投子认输;在体育比赛中,除有机会争夺冠亚季军的名列前茅者,其他竞技者均被淘汰出局;而对于电子游戏而言,玩家可以随时退出游戏甚至删除游戏程序……每个参与游戏的主体都能构成一个游玩事实,因此,游玩事实因人而异,对于游戏胜利者而言,它是相对完整的;而对于失败者来说,它是破碎的、不完整的,只是整个游戏过程某个片段的呈现。游玩事实说明,游戏具有竞争性与偶然性的特征。但作为游戏研究的对象性样本,游玩事实因其易变性并不适宜,只能作为辅助的材料。

2.游戏文本:游戏文本就是全部游戏事实之合集,它包含了完整或不完整的游戏事实,是游戏形式的具体展示之合集。但是,游戏文本并不是从具体的游戏者出发(因为同一游戏的参与者可能会很多),而是从完整的游戏形式出发所作的定义。游戏文本不是对一个游戏者玩要游戏的经历的记录,而是所有游戏者(包括中途退出者)无数次地玩要游戏的事实总和。游戏文本包含了所有的游玩事实,它承认游戏展示方式和结果的多种可能性,其关注点在于完整的游戏活动形式。

需要注意的是,一个没有人参与/玩的游戏,绝对称不上一个游戏,游戏文本的概念本身就包含了游戏者的参与和活动。与文学阅读不同,游戏者不是一个固定文本的阅读者,而是游戏文本的一个有机因素,他直接参与了游戏文本最终状态的形成。

狭义上的游戏文本包含:游戏者的行动(这一点在智力游戏研究中经常被忽视,但在电子游戏研究中作为"交互行为"屡屡被提及)、游戏规则、游戏进程以及游戏结果/效果(如胜负、体育竞技获得的荣誉和奖励、赌博游戏所赢取的钱物等)。

通常,游戏文本是通过其他媒介进行或具体或抽象的记录的,如棋类游戏的"棋谱",竞技体育比赛的影像资料等,但这些记录也只是部分地展现了游戏,是残缺的游戏文本。世界杯、奥运会之所以会吸引数以亿计的观众,就是因为它们将即时性的游戏文本展示给观众看。在观看者的角度上,一场足球比赛与一场他从未看过的电影没有本质的区别,结局都是未知的;但对于游戏者来说,与演员不同,他们的参与没有事先写好的剧本,绝对不是"表演",游戏的结局对于他们来讲是开放的。

与文学或戏剧文本不同,除了少数具有观赏性的竞技游戏,如足球、拳击比赛等,大多数游戏文本并不需要"读者",除了游戏者自己也许会回顾自己的游戏经历外(而且只能是游戏后回顾,在游戏中审视游戏,其实"阅读"的只是游戏内文本),游戏研究者可能是最标准的游戏文本读者。

3.游戏内文本:如果说游戏研究者"阅读"的是游戏文本,那么游戏中的游戏者"阅读"的是什么?

首先,游戏通过规则等将游戏参与者设定为符号构成,继而取用或改造这些符号构成,形成"游戏者"这一符号身份。因而,"游戏者"不是一个有血有肉的组成,它指代的是一种特殊的身份。人参与游戏,就是一个自愿被符号化,并继而以符号化的身份在一定规则的指引下运作的过程。而参与者阅读和遵守游戏规则,就是一个将自己符号化为“游戏者”的过程。

游戏者“阅读”的是什么呢?

相比读者或观众,游戏者更类似于导演与演员的混合体,他/她是推动游戏行进的具体执行者,能够左右游戏的最终结果。因而,在游戏文本中,游戏者是不可或缺的一部分。而在具体的文本分析中,游戏者的动作则是非常直接的符号,只有通过这一转换(动作—符号),游戏才可能进行下去。游戏者进入游戏场景,遵循游戏规则而进入游戏进程,在这一过程中,游戏者首先阅读的是游戏规则,他同意将自己的部分行为作为符号整合进游戏文本,继而他阅读的是“游戏者”(包括他自己和所有的参与者)的行为及其产生的效果,而在电子游戏中,游戏者还可能会进一步阅读游戏场景、游戏中的叙述等。游戏内文本即是所有这些相关文本的集合。

游戏内文本是游戏文本的一部分,它决定了游戏进程和游戏展开的样态。引入这一新的概念主要是针对电子游戏研究中混乱的局面。

我们发现,传统游戏的内文本是非常简单的,在很大程度上,它们的“内文本”是由游戏规则构成的,我们以棋类游戏为例,不管我们使用何种材质的棋子,只要标明了具体的名称,我们就可以进行对弈,甚至还可以不依靠棋盘、棋子来下“盲棋”。不过,规则在这些游戏中大都是隐藏的,是以口授或书面的方式预先给定,游戏者必须在熟悉游戏规则后方可参与游戏。

在当下的部分电子游戏中,游戏内文本的形成则没有那么简单。

首先,规则不再是形成游戏内文本的最重要因素。在许多电子游戏中,规则是伴随着游戏进程逐步呈现的,如大型网络游戏《魔兽世界》中，玩家进入游戏后，游戏才会提示玩家如何进行操作，如何完成游戏中给定的任务等。规则是游戏"虚拟作假"最重要的因素之一，明确的规则就是告知参与者：你即将进入一个与你所在的世界不同的世界，你要遵守不同的法则！简言之，电子游戏容许游戏者在游戏过程中逐渐熟悉游戏规则，而传统游戏则要求游戏者在掌握规则之后才能进行游戏。因而，游戏规则不再是形成游戏内文本的唯一因素，而只是因素之一。

当今的大型电子游戏一般都由专业的游戏公司出品，游戏作为产品拥有独立的产权，必须具有不可替代性。游戏公司在制作游戏时除了对游戏规则进行数字化的设定，还有专门的部门负责书写游戏脚本或剧本，简言之，就是为新游戏设定独特的叙述背景，使之具有不可复制的叙述内容。如经典的RPG(Role Play Game)游戏《暗黑破坏神》系列、《仙剑奇侠传》系列、大型网络游戏《魔兽世界》，都具有史诗般的游戏故事背景。然而，游戏剧本毕竟不同于电影剧本，游戏剧本只是设定游戏场景、故事背景、角色关系等，游戏者在游戏中扮演重要的角色，在某些推动游戏情节发展的地方，他必须作出选择。角色的行为直接影响游戏进程，游戏者参与游戏就是同时"阅读"和制造游戏内文本的过程，游戏剧本在游戏中数字化、影像化的具体呈现也会形成游戏内文本。在总体上，电子游戏内文本的丰富性，是传统游戏不可比拟的。

对于同一游戏来说，游戏内文本具有相对的稳定性，尤其是电子单机游戏中，"任务"的设置是推动游戏进程的关键因素，无论玩家在相互衔接的"任务"之间选择什么样的方式游玩(他可以疯狂地挑战游戏中的怪兽，以此来获取"经验值"，也可以在游戏世界中四处游逛，观看"风景")，他最终要将游戏进行下去，因而，只要游戏者决定将游戏进行到底，完成"任务"，那么，不同游戏者游玩同一游戏所形成的"内文本"可能大同小异。这也是许多研究者试图使用电影理论来阐释游戏的一个原因。

那么,电子游戏是否只是电影的“影子”呢?

游戏学的创立者恭扎罗·弗拉斯卡(Gonzalo Frasca)也曾对此问题进行申辩,他认为,游戏不是“叙事”而是“拟真”,以此来反驳将游戏与文学、电影混为一谈的观点。事实上,如果我们简化对游戏内文本的叙述,游戏看起来可能会索然无味,无非是某人取胜而另一些人失败而已。游戏不同于电影的地方恰恰在于,取胜的不总是一个人,一个人不能永远取胜,而在电影或戏剧中,哈姆雷特的父亲总是要被毒死,倘若他死而复生为自己报仇,那就是另外一出戏了。之所以会出现将游戏与戏剧、电影混同,正是将游戏内文本当做游戏文本审视的结果。

4.游戏元文本:关于游戏文本的文本就是游戏元文本。游戏测评、游戏攻略、游戏评论等皆是游戏元文本。如同流行书籍上的“腰封”(经常宣传此书由某某人推荐),电影上映之前诸多媒体和电影评论人的“造势”活动,电子游戏的元文本也通常是在游戏发售之前预先给出的,先由专业的游戏玩家或游戏网站给出游戏测评,继而玩家才会选择是否购买该游戏。

二、游戏文本何以是个符号文本?

赵毅衡先生曾指出,“符号文本”的判定需满足如下两个条件:“1.一些符号被组织进一个符号组合中。2.此符号链可以被接受者理解为具有合一的时间和意义向度。”② 游戏完全符合这两个条件。

首先,游戏是游戏设计者(对于很多传统游戏而言,其设计者是谁已经无从考证,并且对于大多数游戏而言,游戏设计者并非一人,但这不妨碍我们从逻辑上以此来设定游戏文本的编码者)将多种符号锚定在具体形式上的结果。以国际象棋为例，可能会得到一个非常具有启发性的结论。国际象棋的棋子通常雕刻出马头、皇冠等样态，以此来表明不同的棋子具有不同的“值”。符号学家皮尔斯将符号分为三种：像似符号（Icon）、指示符号（Index），以及规约符号（Symbol）。[③]从棋子形态及其被规定的运行方式（“马走日、象斜行、车直行”）来看，它们似乎是像似符号，但我们同时又会有这样的疑问：倘若是像似，为何“王”如此“谨小慎微”（“王”每步限走一格）而“后”却“横行霸道”（“后”是威力最大的子）？我们很难得到满意的解释。退一步讲，假如不用具体雕刻的棋子，只标识出棋子的名称，也并不影响棋手对弈。事实上，棋子的形态并不是规则的一部分，对棋子的“值”的规定才是规则使然。

前文提到游戏规则，如我们所能见到的游戏规则几乎都是标准的“规约符号”，规则（规定的是棋子的意义和运行）是游戏设计者强制编码的产物。中国象棋也有以动物或器物来命名的棋子，但棋子的“值”和运行方式皆是规则设计的产物，也许起初它们是作为“像似符号”登上历史舞台的，但如今，其像似性已经所剩无几。既然是“规约”，就体现着编码者的意图，游戏规则最大的特点就是力求规则的公平，确保参与者都有取胜的机会，因而，在今天，游戏规则的设计大都交给了计算机，凭借其精密的运算来实现各种游戏角色之间的平衡。象棋中不同的棋子称谓和运行规则是保证象棋游戏正常运行的关键因素，是非常鲜明的符号例证。

其次，游戏可以被审视、理解，游戏形式可以被移植、模仿。荷兰人约翰·赫伊津哈的著作《游戏的人》认为，游戏先于人类文明产生，故而并不是具体文化的表征。作为一种与原始生产生活活动并生的人类活动，游戏直接或间接推动了人类文明的产生和发展，诸多论证都表明，游戏对于法律、艺术、哲学、宗教等的发展成熟都具有不可替代的重要作用。众多关于游戏或借游戏以进行的阐述都间接说明，游戏能够被理解，并且可以得到诸多阐释。

三、游戏表意吗？

基于此，我们称，游戏是个符号文本。既然是符号文本，就必然涉及表意问题。一般来说，对于一个符号表意过程，存在着三种“意义”：发送者的“意图意义”，符号文本携带的“文本意义”和接受者的“解释意义”。④

严格来说，游戏文本并没有所谓的意义“发送者”，游戏是需要主体参与的活动，同一游戏若由不同的游戏者来参与，其形态可能大相径庭，比如足球比赛中就存在所谓的巴西足球风格、荷兰足球风格和德国足球风格，没有人可以预先设定游戏的具体形态。游戏的特殊之处在于，游戏者也参与了游戏文本的形成。不过，我们可以说，游戏设计者是游戏文本“底本”的制造者，同一游戏，无论怎么变，总要遵循游戏最初的规则设定，因而，游戏设计者对于游戏文本的形成最有发言权，在这个意义上可以被看做是意义的“发送者”。

对于那些流传已久的游戏，其游戏设计者已无从考证，只能从文献记载中窥知其“意图意义”。柏拉图在《法篇》中假托“雅典人”之口说：“我们要在玩游戏中度过我们的一生……由此获得上苍的恩宠，并且在我们不得不与敌人战斗时，驱逐敌人和征服敌人。”⑤由此，他明确指出游戏的设计意图是为了培养对共同体或城邦有益的人才，通过游戏竞技的方式锻炼身心，“既有利于国家又有利于家庭”⑥。我们也不难看出，古希腊的各种竞技体育游戏在设计上与格斗、战争关系密切。

中国象棋也是一例，如北宋晁补之在《广象戏格·序》中写道：“象戏兵戏也，黄帝之战驱猛兽以为阵；象，兽之雄也，故戏兵以象戏名之。”[7]中国象棋的起源是演练兵法，因而才有“车、马、炮”等作战单位的设计。

值得庆幸的是，今天我们能够十分清楚地知晓游戏的设计者是谁——电子游戏开发公司就是游戏意图意义的发送者，尤其是一些小游戏，几乎完全出自一两个人之手，他们对自己的“作品”拥有绝对的发言权。但出于对产品的保护和营销上的策略，游戏上市出品之前，开发公司总是讳莫如深。

2009—2010年最炙手可热的小游戏《植物人大战小僵尸》的制作者 John Vechey 在接受媒体采访时说：“这是一个关于僵尸的游戏，但都是些笨笨的卡通僵尸，所以不会有恐怖的感觉”，“做这个游戏只是出于个人喜好而已。我不会把游戏设计看得过于严肃，但也不会随意迎合玩家的低级趣味。所以当我开始创作《植物大战僵尸》时，我确定它能在主题和趣味上达到真正的平衡。在游戏中你能拥有这些娇媚的植物，但僵尸的存在能使整个游戏画面不会过于甜蜜”[8]。显然，他对这一游戏文本的解释相当简单明确，这是个以打僵尸为主题的小游戏，创作它就是“个人喜好”。

游戏文本自身能否表意，或者说携带着比较明确的文本意义呢？我们只能在一些特殊的游戏上看到游戏自身表意的例子。如广告游戏、军事模拟游戏、驾驶模拟游戏等。在这些例子中，游戏被赋予了明确的意图，这些意图首先是游戏设计者赋予的，其次在游戏中也有明确的体现，成为游戏的“文本意义”。不过，在这类游戏中，文本意义是否能够抵达游戏者呢？值得怀疑。军事模拟游戏本意是用来训练士兵团队作战的，但一旦流入寻常百姓家，就变成了纯粹的娱乐消遣，文本意义不再有效。而一个普通人可能一辈子都没有机会开飞机，他去玩耍模拟飞行驾驶游戏，也就只能说是体验一下冲上云霄的感觉。游戏的文本意义究竟为何？恐怕很难说清楚。

文本意义最终还要看接收者的态度。游戏文本的接收者是谁?前文已经有所提示,游戏者只是"游戏内文本"的接收者,游戏者本身就参与了游戏文本的构成,而研究者才是游戏文本的真正解读者。首先,存在大量游戏研究文献这一事实即表明,游戏文本存在意义,只是意义太过庞杂,无法使用统一的口径去解读。事实上,这正是游戏研究的意义所在。其次,"所有的符号文本,都是文本与伴随文本的结合体"⑨。对游戏文本的阐释无法回避各种"伴随文本"的携带意义,故而,从历史、文化批评、社会学、软件设计等多个角度进行的游戏研究均有其特殊的意义。

综上所述,我们可以这么说,游戏文本自身很难明确表意,从皮尔斯的"符号三元原则"来看,游戏文本并没有十分明确的"符号—对象"的意义向度,但却提供了几乎无所不包的"解释项"。由此,游戏学研究才可以无止境地延续下去。而以符号学对游戏文本进行穿透,其意义首先在于对这一状况进行梳理和廓清,以期规范有效地解读游戏意义。

结　语

为何我要用很长的篇幅对"游戏文本为何"进行阐述呢?在游戏研究领域,长期存在着对游玩事实、游戏文本、游戏内文本的混用。大部分的电子游戏研究者同时也是游戏设计者和玩家,他们会以游戏者的角度来审视整个游戏,因而,他们所解读更多的是"游戏内文本",而与此同时,研究者又常常会跳出游戏,对"游戏文本"进行审视,如对人机交互方式提出见解。两种论述杂糅,这无疑使得论述变得极为混乱。使用符号学理论重新廓清游戏可以让我们认清研究的不同维度,清晰明确地解决这一问题。

显然，游戏符号学拥有强大的理论优势，此文只是“小荷才露尖尖角”而已。

---

① 参见拙作《游戏概念的符号学探索》，略有改动，载《中外文化与文论》2011年第20辑。

②④⑨ 赵毅衡：《符号学原理与推演》，43、50、141页，南京：南京大学出版社，2011。

③ Charles S. Peirce, *Logic as Semiotics: The Theory of Signs*, in Rober E. Innis, ed. *Semiotics: An Introductory Anthology*, Indiana University Press, 1985, pp. 9—19.

⑤⑥ 柏拉图：《柏拉图全集》（第三卷），王晓朝译，561、552页，北京：人民出版社，2003。

⑦ 马端临：《文献通考》，卷二二九，经籍五六，杂艺术，1833页，北京：商务印书馆，2006。

⑧ 引自：http://www.gamersky.com/news/201103/171881.shtml.

宗　争　四川大学文学与新闻学院符号学—传媒学研究中心　邮编：610064

通过仪式:自我再生神话的仪式书写

——维克多·特纳仪式理论的神话学解读

◎张洪友

维克多·特纳(Victor Turner)是与格尔茨、玛丽·道格拉斯、利奇等人齐名的符号人类学家(Symbolic Anthropologist)。特纳的仪式理论在仪式理论史上具有独特的贡献。他将范根纳普所提出的通过仪式理论与马克斯·格鲁科曼的"过程变迁"理论应用到对恩登布人相关仪式的研究中。

范根纳普(Arnold van Gennep)首先在其书《过渡礼仪》中提出通过仪式①这一概念,并将通过仪式分为分离、阈限(边缘)和聚合三个阶段。他搜集了人类社会中各种不同的通过仪式,并按照各种仪式对三个阶段的不同侧重对这些仪式进行了分类。特纳继承了范根纳普对通过仪式三个阶段的区分,并深化了对阈限阶段的分析和研究。他还深入探讨了文明社会存在的"近阈限"(liminoid)现象。

另外,特纳用马克斯·格鲁科曼的"过程变迁"理论来研究仪式过程。②涂尔干和拉德克利夫·布朗注重仪式的凝聚功能,而马克斯·格鲁科曼却认为社会矛盾会在仪式的展演过程中被夸大的同时得到释放。这样,仪式展演就达到了消除矛盾、巩固社会团结的目的。[③]基于马克斯·格鲁科曼的理论,特纳也着重研究在仪式过程中展演出的冲突。特纳将仪式看成结构与反结构相互转化的过程,并将仪式放在社会发展转变的语境中来展示仪式在社会运作进程中的作用和功能。社会也在结构与代表反结构的交融这两种对立状态的转换中辩证发展。[④]

从仪式与神话关系的角度来讲,通过仪式是自我再生神话的仪式展演。特纳认为"每个人的生命经历之中都包含着对结构和交融及状况和转换的交替性体验"[⑤]。在这种交替的过程中,个体就在结构与反结构的漩涡塑造的仪式过程中完成从分离(象征性死亡)、阈限(回归母体)到聚合(再生)的过程。

一、通过仪式:从范根纳普到维克多·特纳

范根纳普在其著作《过渡礼仪》(也译为《通过仪式》,英文 *Rites of passage*,法文 *rites de passage*)中首先提出通过仪式这一概念。他认为人的生命总是存在一个阶段向另一个阶段的转化,在转化的过程中需要一个通过仪式:

> 从一群体到另一群体、从一社会地位到另一社会地位的过渡被视为现实存在之必然内涵,因此每一个体的一生均由具有相似开头与结尾之一系列所组成:诞生、社会成熟期、结婚、为人之父、上升到一个更高的社会阶层、职业专业化,以及死亡。其中每一事件都伴有仪式,其根本目标相同:使个体能够从一确定的境地过渡到另一同样确定的境地。[⑥]

范根纳普在书中将从一境地到另一境地或者从一个世界到另一个世界的转换的仪式统称为通过仪式。他将通过仪式分为三个阶段:分离阶段(separation)、边缘阶段(margin,或者阈限阶段)、聚合阶段(aggregation)。阈限阶段(liminal phase),起源于拉丁文limen,具有"门槛"的含义。另外,这三个阶段又分别被表述为前阈限、阈限和后阈限三个阈限期。范根纳普认为不同的仪式对这三个阶段的侧重点是不同的。分离仪式在葬礼中占主要地位,边缘仪式或者阈限仪式在怀孕、订婚和成年礼中占主要地位,而聚合仪式则在婚礼中占主要地位。[7]特纳继承了范根纳普三个阶段的分法。在分离阶段,仪式主体与原来的身份、地位等分离;在阈限阶段,过渡主体便是脱离原来的身份而没有获得新的身份的模糊不清的阶段,也可以说是在结构上不存在的地带;在聚合阶段,仪式主体又获得新的地位和身份,也相应地获得新的权利和义务。[8]

他将通过仪式三个阶段的分法应用到对恩登布人相关仪式的研究中。例如,恩登布人割礼仪式"穆坎达"具有通过仪式三个阶段的特性。分离阶段是"奎因吉加",意思为"使进入",也就是说让仪式主体脱离生活的社会,进入隔离阶段,即阈限阶段;阈限阶段则叫做"昆古拉",意思是"在割礼棚屋中",仪式主体处于在棚屋中被隔离的阶段;聚合阶段叫做"奎迪沙",意思是"带出来"和"公开承认"的意思。仪式主体从隔离的地方被带出来,回到他所生活的社会,众人承认仪式主体新获得的身份。[9]

范根纳普认为在地点、状态、社会位置和年龄等的变化中举行的仪式为通过仪式,而特纳则用"状态"概括了地点、社会位置和年龄等的特点。特纳认为:

> 状态是比地位或职位更加包罗广泛的概念,它指的是任何为文化所承认的稳定的或复现的状况。[10]

他在状态与过渡的对立中重新审视通过仪式。“通过仪式指明并构成状态间的过渡。”过渡与状态具有不同的文化特性，状态具有稳定性，过渡是一个过程，一种生成。通过仪式不仅仅局限在文化所规定的生命转折仪式，任何形式从一种状态向另一种状态的过渡都可以被称为通过仪式，因此通过仪式也包括一个群体从一种状态过渡到另外一种状态所举行的仪式。[11]

二、通过仪式与自我再生神话

通过仪式的显著特征是旧身份的脱落和新身份的获得。在人所拥有的诸多身份中，有些身份，比如成人、丈夫、妻子、父亲、母亲等，只能在人生的某些阶段才能获得，这些身份就成为人生历程的界碑。通过仪式从一个身份到另一个身份的转变是人生故事的展演。身份是自我的人格面具。荣格认为人格面具(the persona)是人格的四种原型之一，它作为自我公开展现的一面，表明了自我在群体中所拥有的角色和位置。[12]身份的脱落和重新获得代表自我面具的失去和重新获得。

另外，通过仪式的举行是弗雷泽的基于相似律的“顺势巫术”或“模拟巫术”。这种巫术是通过相似性的模仿产生相似的效果。[13]蛇通过蜕皮而获得再生，而在通过仪式中，身份作为自我的面具，身份的脱落与聚合就是对蛇蜕皮再生的模仿。在仪式过程中，身份是再生神话展演的道具：在分离阶段，自我与身份仪式性地脱落，仪式主体在所生存的结构世界中消失，这样就仪式性地展示出自我的死亡；在聚合阶段，新的身份与自我聚合，自我复活再生。

美国神话学家约瑟夫·坎贝尔认为神话可以穿透各种不同的仪式，带领人经历人生的不同的阶段：

> 神话可以透过各种仪式——像成年礼、婚礼、生育仪式、葬礼等——带领人穿越生命历程中各个不可避免的阶段,而人类的生命历程,自远古开始,就跟今日没两样。[14]

通过仪式的举行,是神话进入人所生存的世界的过程。在仪式过程中,人成为神话中的角色,通过仪式则成为由象征符号来展演的自我再生神话。通过仪式的三个阶段分别代表了:分离,自我光谱的深度位移;阈限,重回母体的象征;聚合,王者归来的述说。

三、分离:自我光谱的深度位移

分离阶段,是仪式主体象征性的死亡、结构上被抹去的阶段。在分离阶段,仪式主体离开他所生活的社会,被隔离起来。他们被要求或戴上面具或穿上奇奇怪怪的与日常生活不同的衣服,以表示他们与众不同,他们已经从众人之中分离出去。[15]国王在因克瓦拉一个全国性初果节仪式中被全身涂成黑色,而且隔离起来处于一种黑暗的状态之中。[16]仪式主体被隔离,或戴上奇怪面具、穿上奇怪衣服、全身涂黑等等,这些方式都仪式性地表示仪式主体曾有身份的脱落。仪式主体在分离阶段,自我在自我光谱上向下深度位移。

自我问题一直是思想史的焦点问题,因此在思想史上存在许多不同的关于自我的概念,比如笛卡尔的绝对中心自我、胡塞尔的责任自我、弗洛伊德的本我、米德的人类社会学自我和泰勒的社群主义自我,这些关于自我的概念组成一个光谱:

> 这个光谱的一端,是人内心隐藏的本能、非理性的、自由无忌的"无担待自我"(unencumbered self),克里斯蒂娃称之为"零逻辑

主体”(zerologic subject)。而在另一端可以是“高度理性”的由社会和文化定位的个人(socially-situated self)。[17]

仪式主体在分离阶段、脱落原有的身份的过程,也同样是在自我光谱向下深度位移的过程,是仪式主体从由社会或者文化定位的人这一端向内在本能、非理性、自由无忌的自我深度位移的过程。在印度传统的思想中也探讨了自我深度位移的问题。他们认为人有五层自我即五鞘:食物鞘、呼吸鞘、心灵鞘、智慧鞘、极乐鞘。[18]而从食物鞘到极乐鞘是逐步内化的过程,同时也是一个自我从自我光谱向下深度位移的过程。对脱落原有的身份,进入阈限阶段这一过程对仪式主体的作用,巴巴拉·梅厄霍夫这样评价:

> 各种界限均被逾越,身份的象征被全部剥夺,熟悉的角色与习俗都暂时中止了。这时人们很可能会体验到一种极端独处、独一无二,极端自由的感觉,这是不可逆转的内省时。[19]

四、阈限:在死生之间

阈限是重回母体的象征。处于阈限阶段的人被称为阈限人。阈限人由于曾有身份脱落而没有获得新的身份,是无身份之身份,是分离与聚合之间的“空我”。阈限人是各种对立的矛盾纠结的奇特状态,而这种状态是超越二元对立、重回世界创生之前万物神秘合一状态的模拟。交流圣物成为阈限阶段最为重要的事情,圣物会将文化的基本假设刻入阈限人的心中,使这些人充满神秘的力量,从而具有担任新角色的能力。阈限阶段所独有的万物合一和众人合一的神秘体验,以及交流圣物的教育,为仪式主体担任新的角色、重新融入他所生存的世界奠定基础。

1. 在分离与聚合之间的"空我"。

处于阈限阶段的人被称为阈限人。阈限人所处的阈限阶段是在象征死亡的分离与象征再生的聚合之间的阶段。如果说社会的基本模式是位置结构,阈限人脱离了一个结构,而没有被纳入另外一个结构,所以是未被结构化的。阈限人处于两个结构之间,他们在结构上是不可见的。在阈限阶段,他们被剥离了任何结构上的东西,没有姓名,没有财产,成为"纯粹的可能性的领域",成为具有纯粹潜能的无定型状态。那么我们是否可以将阈限人的这种状态称为"空我"呢?"空我"的概念借鉴了庄子"吾丧我"的思想和符号学中空符号的概念。在《庄子·齐物论》中,庄子描述了一种"吾丧我"的状态:

> 南郭子綦隐机而坐,仰天而嘘,荅焉似丧其耦。颜成子游立侍乎前,曰:"何居乎?形固可使如槁木,而心固可使如死灰乎?今之隐机者,非昔之隐机者也。"子綦曰:"偃,不亦善乎,而问之也?今者吾丧我,汝知之乎?女闻人籁,而未闻地籁,女闻地籁而未闻天籁夫!"[20]

在南郭子綦"吾丧我"的过程中,"今之隐机者"依然存在,而"昔之隐机者"已不存在。"形如槁木"、"心如死灰"是一种象征性的死亡,南郭子綦经历了一个"吾"与"我"分离、"丧我"、然后"吾"与"我"再聚合回归的过程。"吾丧我"的过程,是自我在自我光谱上深度位移的过程,在这一过程中能倾听天籁声并感受物我齐一的畅达。"吾"与"我"都是自我的代称,"丧我"之"吾"即为"空我"。

"空我"概念也是空符号概念在自我领域的延伸。"符号是携带意义的感知。"[21] 如果作为携带意义的符号载体是非物质的,是物质的缺失,空白、黑暗、寂静、无语、无臭、无味、无表情和拒绝的答复等等,这些能够被感知的缺失就是空符号。空符号的主要特征是在物质背景对比之下而显现出来的缺失。[22]

另外,特纳引用《道德经》中“三十辐,共一毂,当其无,有车之用”[23]这句体现“有无相生”思想的名言,来讨论反结构的交融与结构之间的关系:如果没有中心的空隙就没有轮子之间的连接,与结构相比,交融(Communitas)就是中心的虚无。[24]

同样,阈限人与其身份分离之前和其身份聚合之后的状态相比,也是中心的虚无。阈限人脱离了原来的身份,而未曾获得将来的身份;在分离之前和聚合之后两种不同状态的对比之下则可以显现为空。阈限人是没有身份的身份,是分离与聚合之间的“空我”。

2.模棱两可、解释漩涡与重回母体。

特纳将阈限定义为“两可之间”或者是“模棱两可”(betwixt and between)。特纳认为阈限阶段的仪式主体处于一种奇特的状态:既不是这个也不是那个,然而又或许两者都是。前面分析的“空我”可以概括阈限处于分离与聚合之间的一种特性,即在分离与聚合之间的空。那么阈限人的模棱两可——既不是这个又不是那个或者两者兼而有之的特性如何解读呢?

赵毅衡在其《符号学原理与推演》中提出了解释漩涡的概念。在同一层次的同一次解释中使用不同的元语言,则会造成同层次的元语言冲突,即为“解释漩涡”[25],而在对阈限人进行解释的时候,也遇到了在同一层次不同的元语言之间的冲突所构成的“解释漩涡”。

如果说分类所代表的是人类对对象的一种独特的认知的话,那么这种分类方式在面对阈限人的时候出现了困难。这些人在结构上是“不可见的”,也就是说,他们既不再被分类,也不能被分类,人们所面对的是不再被分类与不能被分类之间两种不同的元语言的冲突。

他们不再被分类。阈限人刚刚脱离曾经被分类的社会，所以他们是不会再被分类的。他们被抹黑，带着奇怪的面具，穿着奇怪的衣物，有时也会丢掉原来的名字。与这种状态相关的是死亡、分解等象征符号。

他们不能被分类。聚合阶段还尚未到来，他们还未被结构化，也没有被赋予任何权利和义务，这是一种未出生前的状态，这种状态也表明他们朝向的或者即将到来的出生。[26]

"不再被分类"与"不能被分类"是两种不同的元语言，它们指向不同的方向："不再被分类"面向的是曾经，而"不能被分类"面对的则是未来。阈限是一种刚刚脱离而尚未再进入的状态。他们曾有的身份已经脱离而成为残影，即将获得但尚未获得的身份成为一种尚未展开的可能性。阈限人就是在曾经与将来之间的一种特异的存在。

阈限人兼有生与死两种独特的特性，逻辑上对立的生与死，在奇妙的同一中表现出来。代表生命的两种极端状态的生与死成为评价此时阈限状态的元语言，它们在同一层面的冲突产生了解释漩涡。阈限人是已经仪式性死亡，而尚未再生的状态。所以他们既不是活着的，因为已经仪式性地死亡；但他们也没有真正死亡，因为他们终将出生。与阈限阶段相关的象征符号——月亮、熊、蛇、裸体等，都是两种不同的成分即生与死的奇妙同一。[27]

阈限人的状态和性别也是模糊的。在男性的入会礼上，处于阈限阶段的仪式主体，既不再是男孩，也不会是成年男人，然而又似乎兼具两种特征。[28]当我们去对处于阈限阶段的男性进行分类理解的时候，就会发现阈限人纠结着刚刚离去的男孩特征所代表的元语言与尚未获得的男人特性的元语言之间的冲突。在这样的一个过渡阶段，他们甚至连性别都是模糊的，他们是无性别的人，或者具有双重性别。男性有时要穿上女性的衣服。[29]这就是性别模糊的突出表现。在这些人的身上所体现的又是代表男性与女性两种不同的元语言之间的冲突。

阈限人是各种对立的特性纠结在一起的神秘状态。神话学家约瑟夫·坎贝尔认为,在世界被创造之前,所有的事物都是合一的,各种各样的对立冲突并不存在,世界是二元对立之外的合一状态。这是人类的一个基本的神话主题。[30]阈限人所具有的这一神秘状态是对世界诞生之前各种矛盾对立的神秘合一的模拟,而这种模拟是希望人在阈限阶段能够回到世界诞生之前混沌而神秘的母体状态。

3.重回母体:神秘体验与孕育再生。

阈限人是由各种不同的对立成分纠结在一起组成的神秘状态。阈限人的这种由截然对立的多种特性聚集一体的完满与在分离与聚合之间的"空我"又组成更高一层的元语言冲突。巴巴拉·梅厄霍夫认为这些矛盾有助于仪式主体获得神秘体验:

> 它们往往难以理解,有时甚至不可言传,然而我们可以在仪式提供的安全感、可预测性与内在魔力中体验到这一真理。这时我们就有可能发现人类命运的不可触及的参量。[31]

阈限阶段的独特状态会"将新入会者带入与神或超人的力量、与那种事实上常被当做无边无际的、无穷无限的和不受约束的东西紧密联系中"[32],最终发现"人类命运的不可触及的参量"。各种对立共生恰恰是超越二元对立重回母体的具体体现,阈限状态会使人"返回世界的子宫中,世界的肚脐中,地上的乐园中"[33],从而获得新生。庄子所提到的"吾丧我"也是重回母体的过程。"丧我"之"吾"在自我的光谱向下位移的时刻,得以倾听天籁,而达到物我齐一的境界。坎贝尔认为离开日常生活,有勇气面对神秘体验是英雄的挑战也是英雄的功绩:

有勇气去面对考验，并且能够将一整套可能性体系带入被阐释的体验领域让其他人去体验，这是英雄的功绩。[34]

英雄进行内在探险获得神秘体验的过程，也是自我的光谱深入位移的过程。在这一过程中，可以与无边的广阔的神秘的东西紧密相连，从而获得神秘的力量。这也就是为何许多的先知、艺术家、萨满和圣方济各修道会都有成为阈限人、边缘人或者临界人的倾向。在这些人中，萨满或先知是"神圣的局外人"，处于世俗社会结构之外的"没有地位的地位"（stateless state）[35]；而圣方济各修道会的弟兄处于社会结构的边缘与缝隙，处于永远的阈限阶段[36]，"过渡却成了一个永久性的状态"[37]。由于处于阈限阶段或者类阈限阶段，他们得以与无边无际的神秘联系起来，获得一种通神的能力和超人的力量，可以触及人类命运"不可触及的参量"。

此外，在阈限阶段，人与人之间的关系具有神秘同一性。在阈限阶段，受礼者之间的关系是完全平等的，因此他们会结成深厚的友谊。比如，关系比较好的几个受礼者会在晚上围着棚屋的火堆睡觉，而他们的这种友谊会持续一生。这样"一个人拥有得到亲切招待的特权"[38]。

人与人之间的神秘同一还体现在交融（Communitas）[39]阶段。交融是"仪式的阈限阶段的某些社会属性"[40]，主要是指在阈限阶段人与人之间的关系。在日常生活中，各种社会纽带（如阶级、种族、阶层等）将人们连接和区分，这是人与人之间的结构关系。交融是与社会结构相对的模棱两可的界域，是没有结构或者弱结构，是世俗的结构之内或者之外的存在，时间之内或者之外的片刻。[41]交融是社会中人彼此间关系的一种超结构（extra-structural）或者超越结构（meta—structural）的状态。[42]在交融中，人们没有差别，人与人之间是平等的，他们只服从一个仪式领袖。在交融中，人与人之间的关系是马丁·布伯所说的我与你的关系。在这种关系中,我与你进行的是面与面的交流。这种交流是直接的、及时的和全面的对话。在这样的一种对话和交流中,社会具有神秘的同一性,是没有结构的交融。[43]

交流圣物是阈限人在阈限母体中接受教育、改造精神的方式,也是阈限阶段的核心问题。由于阈限阶段具有打破习俗、解放思维的作用,圣物可以使阈限人获得一种神秘直觉,而这些神秘直觉或者神秘知识可以改变阈限人的心底的本质。[44]圣物的交流也是阈限人在母体中重新孕育、精神改造的过程。只有经历了这样的一种教育方式,新的特征才可以在仪式主体身上慢慢成长,阈限人这个"纯粹可能性的领域",才会生长出新的观念。[45]

圣物是多义的象征符号,是由多种成分构成的语义分子。这些圣物都是由一些怪物组成的。许多理论家认为,人和动物是可以相互转化的,所以才很容易将人与动物融合在一起组成怪物,并将这些怪物作为圣物来展示。也可以说,怪物是阈限阶段的神秘的标志。圣物是阈限这一奇特阶段的象征,具有既是又不是的模棱两可的特点,是中介阶段或者过渡阶段所特有的标志。

特纳认为圣物身上所体现的混合还有区分法则的作用。这种混合是为了区分由它们的文化所规定的并出现在现实中的不同因素。怪物是通过不同的伴随物作区分的分离法则。比如,人头狮或狮头人的形成,是为了在人与狮两者之间作出区分。人与狮分别代表正项和异项(次序可以相反),人头狮身怪或狮头人身怪作为中项,人或狮会成为被标出区分的异项。

传授圣物和其他形式的秘密教导包括三个平行的过程。圣物的组合成分也经历了类似仪式主体在通过仪式中所经历的分离与聚合阶段。首先,文化被还原为可以被识别的成分和因素;其次,这些成分和因素以奇特或者奇形怪状的方式再组合;再次,这些成分和因素又以对新入会者将要进入的新的状态和地位有意义的方式再组合。

这样，在交流圣物的过程中，阈限人所生活的日常世界的观念、情感和事实，都被分解成他们的组合成分，这些成分孤立起来成为新入会者的反思对象，也使他们重新思考他们视为理所当然的周围环境中的物、人、关系和特征。

另外，由于“不合逻辑的圣物的中心丛是某个特定文化的整个信仰和价值体系的象征模板，是它的原型范式和最终尺度”，而接触这些圣物就会使这些文化的最基本的假设印刻在入会者的心中，这些圣物会使阈限人充满神秘的力量和能力，从而可以担负起新的角色。[46]

五、聚合的在场与缺席：特纳仪式理论反思

对阈限的不同维度的关注是两大符号人类学家玛丽·道格拉斯与维克多·特纳得出不同结论的原因。玛丽·道格拉斯认为在世界上存在的处于阈限阶段、具有过渡性质的事物是不清楚的，因此具有危险性，所以在人类社会被视为禁忌。而特纳认为，玛丽·道格拉斯仅仅是从静态的角度来思考，而他是将阈限放在仪式过程动态的场域中来审视，在他那里，聚合是确定的可能性存在，所以他更倾向于关注圣方济各修道会的永恒的阈限。聚合是通过仪式的目的，然而，当聚合缺席，通过仪式在阈限阶段戛然而止，阈限就成为永恒的未完成状态，动态的仪式过程就转化为静态，阈限就会呈现作为另类面具的禁忌与疯狂。

首先，聚合的在场：王者归来的述说。聚合阶段是通过仪式的完成阶段，仪式主体被赋予新的身份，重新返回他所生存的社会。

聚合意味着再生神话的完成,因此是通过仪式举行的最终目的。比如,恩坎加仪式是恩登布人女性的成人礼,在经过了分离、阈限的过程之后,在聚合阶段仪式主体以刚刚获得的成人身份回到她曾经生活过的群体。在仪式主体重新回归群体的场合,仪式主体是关注的焦点,这是王者归来的欣悦,也是群体为他们的英雄归来的欢呼。"从她的观点来看,这是她的恩坎加仪式,她生命中最激动人心和自我满足的阶段。"[47] 在他们重新归来的时刻,他们与他们所生存的社会神秘地合一,而社会也将它的印记打在个体身上。这也正如墨菲所说:

> 仪式构造了过渡,为该人进到新的地位提供了标志物,并且把接近他的人都召集在一个聚会中,给新人和全体参与者带来心理上的加固。[48]

其次,聚合的缺失:作为阈限另类面具的疯狂与禁忌。玛丽·道格拉斯认为,不清楚的就是不纯洁的,过渡的东西具有污染性;人有种将世界万物清楚归类的倾向,模糊不清的就是污染的或者是禁忌的。她在其成名作《洁净与危险》中分析了《旧约圣经·利未记》中的食物禁忌。她认为,创世纪将世界分成三部分,即大地、海洋和天空。而生活在世界这三个部分的动物都会有与之相对应的特征,飞禽有翅膀在天空飞翔,兽是用足在大地上跳跃或者爬行,有鳞的动物才可以在水中生存,因此,不符合这个分类系统的都是肮脏的,是亵渎神圣的。分类系统与社会现存的秩序是一致的,肮脏不仅仅代表着人类认知的困境,也是对现代社会秩序的威胁。因此肮脏即为禁忌。[49]

特纳认为,玛丽·道格拉斯混淆了两种不同的概念。含义不清和自相矛盾的状态或许会有道格拉斯所说的污染性,但这仅仅是一种静止的状态。特纳是从动态的角度来思考阈限问题,他认为每个人的生命历程都要交替体验结构和交融或状况与过渡。[50]因为聚合阶段的存在,阈限状态只是一种曾经的状态,或者将会成为曾经的状态,因为聚合作为转化和再生完成的标志,人生也是处在状况与转换的交替性转化的过程中。圣方济各修道会的弟兄的状态是永恒的阈限。此生的永恒阈限是升入天堂的通道,他们的聚合阶段发生在他们去世以后,也因为这种潜在的聚合的可能性,才使他们的永恒阈限富有意义。

可是,如果聚合缺席了呢?如果这一潜在的聚合也缺席,通过仪式恰恰是在阈限阶段便戛然而止。阈限阶段成为持续张开的等待聚合却没有聚合的阶段。也就是说,当分离的仪式已经发生,而阈限或者边缘期被无限延长,这样,阈限人没有完成最终的身份的聚合,而原来的身份又无法回去。通过仪式成为永远持续的没有完成的状态。阈限人便永远地在途中,在一种未完成的状态里,重复曾经的、已经成为梦幻的复活神话。他的存在,是在结构上已经消失的隐形状态,与众人中存在的显性所对立的隐性存在。阈限人会成为禁忌、疯子,甚至魔鬼。

聚合阶段缺席,动态转变为静态。特征模棱两可的阈限人会被认为是不洁的,具有潜在的危险性。阈限人因此成为禁忌,成为污染,所以遭到隔离与驱逐。福柯的《疯癫与文明》中提到西方历史存在的装载疯子的疯人船。在文明社会被压制的疯子,是不允许在这一代表进步的文明社会中存在的,因此这些人只能遭到驱逐,进而在结构上消失。疯人船也是在一个世界往另外一个世界的过渡,然而由于两个世界所代表的是洁净与污染的对立,过渡成为驱逐![51]

在苏美尔神话中,众神造人,却最终制造出一些身体孱弱,或没有性别、缺少性器官的怪胎,这是一种未完成却无法完成的状态。[52]同样,在通过仪式过程中,聚合缺失,再生未能完成,阈限人成为被排斥在这个世界之外的非人、非神。魔鬼并不一定代表邪恶,有时仅仅是一个失败的英雄或是一个被废除的远古神。他们因在结构上的位置被褫夺而被打入了隐性的存在,只有在与光明相对的黑暗中生存,并且因代表未知世界的恐怖成为污染的源头而被标记为禁忌!

---

① 通过仪式(英 Rites of passage,法 rites de passage)又被译为"过渡仪式"、"过渡礼仪"等,本文为了行文统一的需要,除书名之外,一致用通过仪式。

② 王铭铭主编:《西方人类学名著提要》,446 页,南昌:江西人民出版社,2004。

③ 王建民:《维克多·特纳与象征符号和仪式过程研究——写在〈象征之林〉中文版出版之际》,载《中南民族大学学报》(人文社会科学版),2007(2)。

④⑤㉔㉟㊱㊲㊶㊸ 维克多·特纳:《仪式过程》,黄剑波等译,206、98、128、117、146、108、96、133 页,北京:中国人民大学出版社,2006。

⑥⑦ 阿诺尔德·范热内普:《过渡礼仪》,张举文译,3—4、10 页,北京:商务印书馆,2010。

⑧⑨⑩⑪⑮⑯㉖㉗㉘㉙㉜㊳㊹㊺㊻㊼㊿ 维克多·特纳:《象征之林》,赵玉燕等译,94、185、93、93—94、96、108、96、99、95、98、97、100、101、96、104—108、23、97—98 页,北京:商务印书馆,2006。

⑫ 霍尔等著:《荣格心理学入门》,冯川译,48 页,北京:生活·读书·新知三联书店,1987。

⑬ 詹姆斯·乔治·弗雷泽:《金枝》,徐育新等译,13 页,北京:大众文艺出版社,1998。

⑭⑱ 菲尔·柯西诺主编:《英雄的旅程——与神话学大师坎贝尔对话》,梁永安译,182、243 页,北京:金城出版社,2011。

⑰㉑㉒㉕ 赵毅衡:《符号学原理与推演》,355、1、25—26、237 页,南京:南京大学出版社,2011。

⑲㉛ 巴巴拉·梅厄霍夫:《过渡仪式:过程与矛盾》,维克多·特纳主编:《庆典》,方

永德等译,145、146—147页,上海:上海文艺出版社,1993。

⑳ 郭庆藩辑:《庄子集释》,43—45页,北京:中华书局,1978。

㉓ 王先谦撰:《老子校释》,43页,北京:中华书局,1984。

㉚㉞ Joseph Campbell, with Bill Moyers; *The power of myth*, Doubleday, 1988, p62, p. 49.

㉝ 约瑟夫·坎贝尔:《千面英雄》,张承谟译,84页,上海:上海文艺出版社,2000年。

㊴ Communitas在国内的特纳著作不同译本中的翻译很不一样,在《象征之林》被翻译为"公共域",在《仪式过程——结构与反结构》中被翻译为"交融"。

㊵㊷ 参见《仪式过程·前言》,北京:中国人民大学出版社,2006。

㊽ 罗伯特·F.墨菲:《文化与社会人类学引论》,王卓君译,229页,北京:商务印书馆,1991。

㊽ 玛丽·道格拉斯:《洁净与危险》黄剑波、卢忱、刘博赟等译,71—72页,北京:民族出版社,2008。

51 米歇尔·福柯:《疯癫与文明》,刘北成、杨远婴译,8页,北京:生活·读书·新知三联书店,2007。

52 叶舒宪:《文学与人类学——知识全球化时代的文学研究》,200—202页,北京:社会科学文献出版社,2003。

张洪友　四川大学文学与新闻学院　邮编:610064

不在之在与断裂的弥合

——从里法泰尔的“不通”概念说开去

◎乔　琦

Ungrammaticality，不能只按照字面意思理解为“非语法”，其意义并非“不合文法”所能涵盖，似乎唯有返璞归真一般地译为“不通”，方能最大限度地传递里法泰尔的本意。不通，实际上是贯穿在里法泰尔诗歌符号学理论中的一条隐性线索，从诗歌符号表意到文本构成，再到文本解释，几乎都无法绕过这一概念。

一

诗歌符号的表意特点决定了不通的存在。

诗歌迂回地表达概念和事物，是里法泰尔在《诗歌符号学》中提出的一条基本原则：“简要地讲，诗歌描述一种事物，却意味着别的什么。”[①] 在他的论述中，detour、indirection、periphrasis 等近义词多次出现。诗歌意义的迂回表达有三种可能的途径：替换（displacing)、变形(distorting)和创造新意(creating)。

替换,意味着符号从一个意义转向另一个意义,一个词作为转喻或隐喻代表另一个词。"和一首诗的特质相关的符号不必一再重复。它作为一种范例的变形或不变量的变体被感知就已足够。"② 重复是实现诗性的一种方式,比如郭沫若的《凤凰涅槃》中:一切的一,芬芳。/一的一切,芬芳。/芬芳便是你,芬芳便是我。/芬芳便是他,芬芳便是火。/火便是你。/火便是我。/火便是他。/火便是火。"一"、"芬芳"和"火"分别重复数次,形式美感和气势都很足,但三个词语之间有什么关系呢?它们的并置只是迷狂状态下抒情主体的呓语吗?表层是三个词语的重复,而深层结构框架里则是核心符号"火"的迂回复现。"一",指原初、整一,为涅槃之火的隐喻。芬芳,在整首诗中有其他替代词,"和谐"、"悠久"等,联系起来看,是涅槃之火的修饰语。在"火"的变体序列中,凤凰向死而生的悲壮、热情和激情,喷薄而出,酣畅淋漓。

变形,指不符合常规的词汇、语法和修辞出现在文本中,由于它们与读者的日常经验和生活常识相背离,含混、矛盾或无意义随之而来。"当一只青蛙在草丛间跳跃,/我仿佛看见大地眨着眼睛。"(陈敬容《雨后》)喻体与喻旨之间的距离,带来陌生感。"憔悴的杯卮里,/葡萄尝着橄榄的味了呢。"(辛笛《夜别》)"绿色的火焰在草上摇曳,/他渴求着拥抱你,花朵。"(穆旦《春》)葡萄如何尝着橄榄的味?火焰何以绿色?看似矛盾,诗意却更耐寻味。"踏在脚下的太阳,未成形的/力量,我们丰富的无有"(穆旦《海恋》)"丰富的无有"是什么意思?是一个悖论,情绪却更张扬。有论者在分析马蒂斯的绘画时,引用到画家讲过的一句话"我从客体走向符号",并对此作出评述:"对他来说,真实客体是不重要的,绘画中他所呈现的都是自创的符号。"③ 更确切地说,画作跳过对象,符号直指解释项;上面说到的诗歌变形,也常常跳过了具体对象,而惯常的阅读又总将诗歌表意与现实对照，自然会有不通之嫌。

创造新意指诗歌符号服从文本空间的组织原则，而脱离既有的语言规则。此种情况下，文本提供了自足的意义空间，废名的《星》是典型的例子：

满天的星，
颗颗说是永远的春花。
东墙上海棠花影，
簇簇说是永远的秋月。
清晨醒来是冬夜梦中的事了。
昨夜夜半的星，
清洁真如明丽的网，
疏而不失，
春花秋月也都是的，
子非鱼安知鱼。

星和春花，海棠和秋月，两两并置，并无需考究可或不可，后面的诗行交代了，是梦中的事。顺势容易想起，"春花秋月何时了"，冬夜一梦，春花秋月还真是往事了，"往事知多少"呢？星如网，还是明丽的网，又是一种陌生的组合，"疏而不失"的是往事，记忆满满。诗中陌生化的意象组合，都有其存在的合法性，因为"子非鱼安知鱼"。

三种迂回，作为诗歌表意的重要特征，带来多方面积极影响，增强诗歌语言的弹性、丰富意义、加大文本张力。与此同时，任何一种迂回表达法，都毫无疑问地会影响诗歌对现实的描写或模仿，即危及诗歌的逼真性，使读者的常规期待落空，也使一些不通现象出现。"不通"，带来的是"不懂"。

以上问题，不真正成为问题。

里法泰尔在《描写性诗歌的诠释》一文中指出,诗歌中的逼真性不是要把读者带向逼真性本身,“即使对树干的描述碰巧是忠实于实际情况的,深层含义的因素仍是基于根本的、不变的主题上的多声部乐曲似的变异”④。如此,迂回表达法恰是超脱指称谬误(the referential fallacy)、构建诗歌深层意义的有效方式。

二

文本中核心语(hypogram)的展开,双重符号、互文的存在,颇为复杂,且往往纠缠在一起。多层结构形式,使得诗意分层,一部分显露,一部分被藏匿起来,在可见的层面上,或较为直观的层面上,常陈列着种种不通。

首先,核心语,在一首诗中占据非常关键的地位,因而核心语及其展开过程一旦被扰乱,就必定会威胁到诗歌整体意义的理解。

核心语之义素(semes)和预设(presuppositions)类型中,新造词可能难以被接受和理解,主体和他的预设矛盾,或干脆取消了预设。里法泰尔给出的例子是:I see a no-sight. I hear a no—sound. 我如何看见 no-sight, 听到 no-sound? 它们是从抽象意义向形象符号的转变,转变之前的表达理解起来畅通无阻:I see (hear) nothing. ⑤

既有词语(cliché)作为核心语时,它的固有意义有时被加入异质意义,即符号化的既有词语被扰乱。诗歌中单一的序列同时产生两个相互冲突的体系,我们阅读一个序列却感觉到另一个序列的表达。序列之间的交叉、干扰,改变了既有词语的固定组合方式,而这种因改变而带来的无法理解的无意义,在组合层面上,保证了两个体系内的双重合理性。

核心语的第三种类型,描绘体系(descriptive systems)中的不通出现于相关序列和核心语关联的薄弱之处。此类不通较难辨识，又是诗歌文本构成中常见的一种类型，因此，笔者试图结合具体文本对其作详细分析。一般来讲，核心语如同大树的主干，围绕它展开的相关符号序列，则是伸展出去的枝蔓，均呈现出较为清晰的脉络谱系。这只是圈画出一个大致范围，和方向无关，展开序列可以同向补充核心语，亦可有意从相反方向切入，言在此而意在彼，但大体上表意还是清楚的。例外的是，有些诗中，核心语的展开显得极为松散，几乎呈断裂状态：

> 每天看太阳从窗前走过，/每天想一个奇怪的地方：/“时间”永远不从那儿经过。/我又猜不清那地方是什么颜色：/我猜那地方该是绿的，/却怕它像秋叶一样变黄；/我猜想那地方该是红的，/又怕它像春花一样凋谢。/也许那地方就是白的，/更怕有人去写上历史的年月。/我愿伴他去那儿旅行，/有谁能告诉我那儿的颜色。（李广田《颜色》）

诗题为“颜色”，诗中写到三种色彩，又推翻了三种色彩，色彩的不确定性在诗中两次出现，尽管占用了大量篇幅，但此诗的核心语不是颜色，而是一个地方。在地方的描绘体系中，时间成为最重要的变体，通过彻底取消时间的方式，来完成对地方的抽象确认。颜色和取消了时间的地方之间似乎没有什么关系，因而颜色越显赫，它在诗中的不和谐感就越强。不通出现的地方，文本断裂之处，又通常是深层意义在召唤我们的所在。

“我”猜颜色的过程，实为诗意不断具体化的过程，“我”企图用颜色来定位这个奇怪的地方，也就是为地方寻找一个标记。“秋叶变黄”和“春花凋谢”是典型的时间流逝图像，“写上历史的年月”更是时间的记载，诗中列举的三种颜色都无一例外地和时间相关，这是弥合颜色与地方裂缝的关键点。表面写颜色，实则刻画时间，绿、红、白，都无法摆脱时间的侵蚀，无法从时间之流中抽离而去，也就无法成为"我"想要的标记，至此，颜色汇入核心语的变体之中。

时间永远不经过的地方，在哪里呢？诗的最后，"我"只好求助于他人，谁能说出脱离于时间的颜色？整首诗充满着迷惘的气息，迷惘之中又有对微茫的理想家园的探索和追问。唯有仔细辨清核心语，探寻其展开方式，在更深的层次上，把断开的部分重新弥合起来，才有望在某个瞬间抓住一首诗的精妙。

其次，双重符号在文本中的意义取向，暧昧不明，含混游移，从而给诗歌的理解带来困扰。它们同时和两套符码或文本相关，一方面传递表层意思（meaning-conveying），另一方面具有深层意义（significance-carring）。

标题是双重符号。一则，标题不仅和诗歌正文相关，也和文本之外的另一文本相关，若忽视标题的双重指向，意义理解必然受阻，但两相辉映之下，诗歌将得到更好的解读。二则，标题和诗歌正文相关的同时，还指向一个符码，它为诗歌的话语游戏找到依据，各种词语、符号之间不再毫不相关，在这个层面上，互文性成为文本性的动力。作为符号文本的诗歌，标题是它的六大伴随文本之一，称为副文本，和文本解释密切相关。作为双重符号的标题，更是文本中不容忽视的解释项，拥有复原散落碎片的魔力。

辛笛有一首诗，题为《孩子》，诗中写到一个在海边玩耍的孩子，他的游戏色彩斑斓，他的世界千变万化。孩子向往大海，有博大梦想，欲乘船追浪，探测地球。梦想和游戏并置，"伸一伸手臂"就可以"戳破苍穹的大幕"。然而，孩童天马行空的思维遇到了挑战，诗中忽然出现的老人，戳破了他的梦想：

孩子仰问老人
老人笑了
“同是一只橘子而已”

孩子去了
贝壳如故
天地惟一老人
坐对此光此海之圆之寂

此处所引内容为后半首诗，和前半首风格相差甚远，“仰问”句拉开了一道裂痕，到“同是一只橘子而已”，文本已然断裂。孩子和老人之间的问答，只寥寥数字，且扑朔迷离，问的内容没有出现在文本中，答者如同参悟。孩子/老人，若作对比解，这诗不但没有新意，而且文本支离破碎。

诗题“孩子”，除了指向文本中具体的孩童之外，还暗含一个人成长的初始阶段，如此，老人不是另一人，而是另一段人生。孩子/老人，二者合一，作同一人解，重读后半首诗，前面遇到的问题，竟迎刃而解了。“仰问”句其实是自问，问题省略得非常妙，过去的自己问现在的自己，或者说，现在的我恍惚间看到从前的自己，所以，笑了，悟了。贝壳如故，大海如故，孩子蜕变为老人，生命轨迹悄然、必然地划过，大音希声。

位于两个序列在语义或形式结合的交叉点上的双重符号，面临一种被选择的状态，此意或者彼意，抑或此意彼意兼具，一旦选择不当，就会出现讲不通的局面。比如法语词 oubli，既指“瓦夫饼”也指“忘却”。对《葬礼》一诗，若只注意到小贩叫卖瓦夫饼，则顿觉突兀，葬礼的肃穆场面和日常街头的喧闹难以和谐对接。而“忘却”义被彰显后，“oubli”就出现在日常生活场景序列和葬礼序列的交叉点上，这个双重符号同时指向温馨、吵闹的日常和冰冷、死寂的葬礼，记忆和忘却同在。

核心语有时又成为隐蔽的双重符号，这一双重符号没有完全出现在文本中，也就是说，读者单靠给定的文本不能挖掘出相关意义，必须结合已有的词语和文本来理解。

三

里法泰尔如此界定读者的阅读："只要不通问题没有解决，他的阅读就是错误的，他的任务就还没有完成。"⑥ 换言之，诗歌中的不通一定有其意义。这一界定，建立在"符号必有意义"的基础上，"任何感知，只要能被当做意义的载体，就成了符号。这个断言是人作为人的存在需要。我们不能容忍感知到的世界缺乏意义。因此任何符号必然有意义"⑦。既然如此，阅读就必须读出不通的意义。对读者来说，解开不通设置的种种谜面，深入理解诗歌符号学，需要独特的阅读方式。

里法泰尔指出必须区分诗歌阅读的两个阶段，即教学式阅读法(heuristic reading)和追溯阅读法(retroactive reading)。教学式阅读法，从模仿的角度分析诗歌，读者关注语言符号指涉的客观对象、事件或概念。这种阅读困难重重，诗歌中的断裂、矛盾、无意义等现象无法得到解释，只能把诗歌带入解释的死胡同。不过，"我应当强调再强调，这种初次阅读的障碍，孤立地看，损害了文本意义，但又正是符号表意的指南，是在通向更高系统上意义的钥匙，因为读者更明白了这是复杂结构的一部分"⑧。

在教学式阅读的启示下，诗歌阅读必须进入第二个阶段，才能拨开表层迷雾，进入文本深层。追溯阅读法跨过模仿的藩篱，对文本进行反复扫描,表层的不通和深层意义网络的合理性所构成的双重符号,迫使读者读出诗歌意义。追溯阅读法呼应了迂回表达法,避免了简单将文本和现实对应起来的企图。追溯阅读法对文本的反复扫描是动态过程,阅读无休无止,诗歌可以被无尽地进行再阅读,是为诗歌的符号学阅读。

追溯阅读法似乎是里法泰尔解决一切阅读问题的法宝,《诗歌符号学》中大量的精彩解读足以为证。里法泰尔对追溯阅读法所作的大致描述及其精细独特的阅读实践,确实令人耳目一新,但对于阅读中涉及的主要问题或关键点,他未作归纳,这种疏忽恰是出于对阅读本身的专注。在熟悉并理解里法泰尔诗歌符号学主要概念和理论的基础上,笔者试图勾勒并重绘追溯阅读法的问题图像,并探寻此种阅读法可能的理论来源。

无意义和断裂,不通的两种文本呈现,正是阅读出发的地方。

巴尔特有一段话,巧妙地讲到文本中非均质(isotrope)的东西对符号学分析方法的重要性:“你若是将圆钉敲入一块木头,敲钉之处不同,木头也便会有相异的阻力:可说木头不是均质的。文也不是:边线,缝隙,皆不定。一如(今日之)物理学须适应特定环境、特定领域的非均质性,结构分析(符号学)也应意识到文中的极细微的阻力,其纹理的不规则排布。”⑨巴尔特提醒我们,文不是均质的,有着不确定的边线和缝隙,同时文本中那些不明确的、隐藏起来的内容,在召唤着解读的介入。不通,也正是均质画面中的非均质成分,在这一点上,诗歌比其他文体更为明显,其非均质成分不只是阅读的障碍,更是解谜的一把钥匙。

无意义,在诗歌阅读中经常遇到,词语之间以各种矛盾的方式,取消组合的意义传达。而无意义不是真正的没有意义,只是因为诗歌打破常规而使诗意难以被理解。无意义是诗歌的一种特殊符号,它更多地指向自身,表现诗性。在释义压力下,无意义的深层意义一定会被挖掘出来。

断裂,至少包括三种基本类型:其一,因背离诸种常规致使文本意义无法被接受,此谓语境与文本的断裂;其二,诗题,某些词语、符号等存在两种或多种解读,它们要么分布于不同的意义序列,要么需要经过挑选而择其一种进入意义序列,此种模糊复杂往往会导致文本内部的意义断裂;其三,文本中之文本的扰乱带来断裂,见于文本与另一文本的对比中,可以说被扰乱的文本为一个意图表象,潜藏着等待被发掘的多种意图可能。

三种断裂形态各异,但都和扰乱相关,当然扰乱的对象不尽相同,分别为:外在的语境、文本的意义结构和文本间的关系。无意义也多是扰乱语词的结果。种种扰乱是堆放在阐释之路上无法绕过的障碍物,迫使阅读速度放慢乃至停下来,这时候,如果不轻易放弃,而选择重新开始新一轮的阅读,不通表层背后的深层意义就有望被寻觅到。追溯阅读法的要义和旨归,恰是从意义空白和文本裂缝处出发,探寻不在之在与断裂的弥合。

诗歌的超规定性(overdetermination)特点,为不通的存在提供了有力的庇护,也为解诗学不通问题奠定了基础。

超规定性,是诗歌文体的一大特点,突破语法的约束,超越对现实的一般模仿。“描写便由表面意义深入一层,使读者了解到它的象征含义。这种现象更具有吸引力,因为它超越了句子的界限,延伸到整个描写系统。”[10]因此,对描写系统中某一成分的理解,就不应只是停留在直观叙述的层面,而应当放置于语义序列的替换和迂回中,去把握它的深层意义。

邵洵美笔下的女人在唐诗和天虹之间跳跃:我敬重你,女人,我敬重你正像/我敬重一首唐人的小诗——/你用湿润的平声干脆的仄声,/来捆缚住我的一句一字。//我疑心你,女人,我疑心你正像/我疑心一弯灿烂的天虹——/我不知道你的脸红是为了我,/还是为了另外一个热梦(《女人》)。废名常写出静态物的生命,以及物对人的指示和影响,如:灯光好像写了一首诗,/他寂寞我不读他。/我笑曰,我敬重你的光明。/我的灯又叫我听街上敲梆人(《灯》)。里尔克可以在玫瑰花瓣和裹尸布之间画上等号:多少次我看见你,玫瑰,幸福而干枯,/——每片花瓣都是一块裹尸布——/在一个香匣里,一根灯芯旁,/或独自重读的一本喜爱的书里(《玫瑰集》)。

上面引用的诗中,都有超规定性的成分,比如收藏起来的干玫瑰花瓣,一般默认为一段情感记忆的凝缩,一个记忆的符号,诗中却说是一块裹尸布。裹尸布带来令人惊悚的恐怖感,似乎很难和花瓣的美丽联系起来。最后一行诗中的三个转喻,分别指向逝去时光中的某个片段,裹尸布,作为生命离去的意义序列中的一个符号,恰恰成为时光流逝的形象比喻,也可以说,裹尸布是对时光流逝的具象凝固。显然,超规定性给予诗歌潜藏的能量,使阅读成为探测宝藏的过程,伴随各种尝试和努力,追溯阅读法终可使诗歌获得不可解之解和无理而妙的效果。

经里法泰尔细密扎实地阐发之后,诗歌中四处蔓延的不通问题,清晰明朗起来,不通实为诗歌的一种特殊品质,但并不是说,不通的诗歌一定是好诗,同时好诗也不必一定要有不通之处。里法泰尔看重的是文本,文本中的空白、裂缝,还有从这些问题开始的阅读。因此他说:"诠释不需要很多语文知识,不需要博学,也不需要了解某个时期内的思想规范或社会习俗,只要了解把思想标准和社会习俗译成信码而加以收录的语汇即可……如果评论家企图从心理学、社会学和历史学的角度重建批评标准并以此来探测作者的意图,那么他所获得的作品的'真正的意义'只能是臆测。"[11]作品真正的意义,无法通过外在强加的切入角度获得,这一点和阿尔都塞的阅读理论相似。由此出发,仔细对照二者的阅读理论之后,发现里法泰尔的阅读的两个阶段和阿尔都塞的两种阅读有强烈的可比性,追溯阅读法对不通的解读与症候阅读法亦有相通之处。

阿尔都塞在《从〈资本论〉到马克思的哲学》的长文中,对马克思的阅读进行了再阅读,他具有清晰的方法论意识,并表现出结构主义的倾向,注重对深层结构意义的挖掘。马克思对政治经济学理论进行了批判的阅读,在充分注意这一总体方法的前提下,阿尔都塞仔细地把马克思的阅读分为两种:

第一种阅读"就像是通过栅栏来阅读一样。在这种阅读的过程中,斯密的著作通过马克思的著作被看到并且以马克思著作为尺度。这种阅读的结果无非是一致性和不一致性的记录,是对斯密的发现和空白、功绩和缺陷、他的出现和不出现的总结。实际上,这是一种回顾式的理论的阅读"[12]。栅栏是参照系或标准的隐喻,从一种预设的理论出发,对另一种理论进行阅读,那么被观照的理论只是在接受一场检视,检视中出现的问题基本是依据预设的理论得出来的。这种阅读实际上把认识归结为看,却无法真正理解阅读对象,更毋庸说与之形成有效互动。里法泰尔的教学式阅读,也是设置了栅栏的阅读,阅读中意欲模仿的一切都是其栅栏,而诗歌符号并非一定要有明确指向的现实对象,语词和诗行的组合也无须遵循或反对某种常规或理论。

第二种阅读方法,阿尔都塞称为症候阅读法,"在同一运动中,把所读的文章本身中被掩盖的东西揭示出来并且使之与另一篇文章发生联系,而这另一篇文章作为必然的不出现存在于前一篇文章中"。可以看到,两种阅读法都涉及两篇文章,且第二篇文章作为第一篇文章的尺度,但二者又有区别,症候阅读法中"第二篇文章从第一篇文章的'失误'中表现出来"[13]。如同追溯阅读法,症候阅读法在一定程度上,也是互文的阅读。文本中的失误、缺口,恰是打开狂欢理解的闸门,一个文本中的裂缝,通过另一个文本来弥合。症候式阅读法对失误、对问题的重视,在追溯阅读法中得到了很好的继承。

尽管阿尔都塞指出他的阅读方法仅限于对理论文章的阅读，但我们还是看到，里法泰尔在诗歌符号学中，执著于对不通问题的思索，成功地进行了症候阅读法的诗歌阅读实验。

四

从符号表意到文本构成，不通必然地出现于诗歌中，里法泰尔对此极为重视，并找到应对办法，即追溯阅读法。教学式阅读中遇到的困难，在第二阶段阅读的回环往复中，被一一克服。倒也不是此种阅读有多神秘，而是“只要有相应的元语言，就不可能有无意义符号文本。在文本生成与传播过程中，意义是缺场的，但是意义的存在却是事先确定的。元语言的定义，不允许一个文本得不出任何解释意义”[14]。元语言先在地保证了任何文本都有可解之意，即使零符号的无意义也是一种意义。

元语言大体上有三类：社会文化的语境元语言、解释者的能力元语言和符号文本的自携元语言。在具体的释义活动中，三者经常交叉起作用，而里法泰尔在讨论不通问题时，更多涉及的是自携元语言，这和他坚持的文本中心论有关。比如，他讲到一个例子：我们常说“身体是灵魂的囚室”，一首诗反其道而为之，改为“灵魂是身体插销上的一把锁”，这个诗句如何讲得通？因为隐喻，“是”的两端可以任意组合。诗歌中常见的自携元语言之一就是比喻，千奇百怪的不通集中出现在有比喻的诗行里。更引人注目的一个例子是艾吕雅的两行诗：“地球蓝得像个橘子/没错，词儿从不撒谎。”橘子和蓝色的关联，不仅靠比喻，还有赖另一种元语言——文本自携的评论元语言。相反，如果文本中这些自携元语言没有被注意到，解诗就会受阻。

20世纪30年代《现代》杂志刊登的读者来信中,有集中说到诗歌难懂问题的:"使我如入五里雾中,不得其解……如《檐前》一首诗中所写:'骆驼足音似的辽复的北风。'北风加以辽复那样的形容词,已嫌不安,我们不能说什么样的是远风,什么样的是近风。而另外一个形容词(骆驼足音似的)更是笑话!"[15]诗中的比喻义完全没有被读到,只是按照表面的意思组合词语,自然会难以接受。这个例子,同时也关乎读者的能力元语言。

里法泰尔在整部《诗歌符号学》中,基本没有考虑读者能力的问题,但也正是由于这一点,他的不通论述丝毫没有退避之所,为难以解决的问题提供了相对清晰的分析和解答思路。在符号学方式下,里法泰尔的理论对诗歌文本形式的分析、文本深层结构的发现、诗歌"不通"问题的思索作出了重要贡献。《诗歌符号学》的结语部分,又一次强调:"一首诗当中的任何不通,都是别处(也即另外一个体系中)的合文法符号。"诗歌符号兼具一显一隐两个层面:"文本的不通,互文的合文法;模仿体系中的置换和变形,符号坐标上的合比例和正确放置"[16],指引我们穿越诗歌迷宫的阿里阿德涅线团,恰隐藏在文本的不可见部分,在文本裂开的缝隙处。

---

①②⑤⑥⑧⑯ Michael Riffaterre, *Semiotics of Poetry*, Bloomington: University of Indiana Press,1978,p1、3、54、150、6、164—165.

③ 刘纪蕙:《故宫博物院 vs 超现实拼贴:台湾现代读画诗中两种文化认同建构模式》,《中外文学》,1996年25卷7期。

④⑨⑪ 里法泰尔:《描写性诗歌的诠释》,赵毅衡编选:《符号学文学论文集》,375、375、374页,天津:百花文艺出版社,2004。

⑦⑭ 赵毅衡:《符号学原理与推演》,48、232页,南京:南京大学出版社,2011。

⑨ 罗兰·巴特:《文之悦》,屠友祥译,47页,上海:上海人民出版社,2002。

⑫⑬ 路易·阿尔都塞、艾蒂安·巴里巴尔:《读〈资本论〉》,李其庆、冯文光译,6—7、16—17页,北京:中央编译出版社,2008。

⑮ 见《社中谈座》之一"关于杨予英先生的诗",《现代》,1934年5卷2期。

乔 琦 四川大学文学与新闻学院符号学－传媒学研究中心 邮编:610064

坠落的不只是声音

——从于坚诗歌《坠落的声音》出发探讨“拒绝隐喻”的真相

◎ 马文美

由于坚提出的“拒绝隐喻”曾引起诸多的评论，至今方兴未艾。然而，在具体的诗歌创作中，“拒绝隐喻”却有着另外的真相。隐喻有很多种，广义的隐喻是不可能被拒绝的。本文以符号修辞理论为工具，通过对于坚的代表作《坠落的声音》进行解读，发现于坚所谓的“拒绝隐喻”，其实是他有意详细地去描写喻体（即感性现象），而坚决不指出喻旨（即比喻的对象）。其实没有喻旨，是隐喻的常规，只是一般来说，喻旨可以被猜到，于坚却有意让人无法猜出。这就形成了与“朦胧诗”完全不同的美学向度，体现出于坚作为“第三代”诗歌主将的诗学追求。

一、关于“拒绝隐喻”

首先，需要进行一些概念的梳理。“明喻就是两个符号在表达层面上有强迫性的比喻关系，不允许另外的解读方式。”[1] 而“符号隐喻的解读有一定的开放性，喻体和喻旨之间的连接比较模糊，往往只是在发出者的意图之中。比喻关系实际上是意图的定点。如果解释群体能找到这个比喻点，符号的意义效果就比较好，但是没有一个连接方式保证这个关系”[2]。因此，接收者的理解方式，对于隐喻的确认非常重要。藏策认为隐喻的内涵更为宽泛，他说：“隐喻并不完全是比喻，隐喻包括比喻，但要更宽泛一些，它可以包括纵向语义轴上几乎所有的纵聚合关系。”[3] 由此，他作出了“没有隐喻，我们根本无法说话，也无法思考”[4] 的论断。赵维森认为“隐喻在符号领域的广泛存在，是由符号的内在生成机制决定的”[5]。因此，广义的隐喻是不可能被拒绝的。但是，隐喻一旦确立，人们就“易于在其无意中所建立的文化语言范围之内从事思考。他们渐渐反而遗忘了隐喻，遗忘了他们的文化和经验世界是以隐喻的方式建立起来的这一根本之点”[6]。极端的结果就是过分的隐喻的出现，即“超隐喻”[7]。在文学创作中，“超隐喻”易于导致隐喻的滥用，而“隐喻的滥用确实又能大量复制俗套和陈词滥调”[8]。

“拒绝隐喻”由于坚提出，目前学界多有论述。理论最终要落实到实践创作中。因此，本文将以符号修辞理论为工具，通过对于坚的代表作《坠落的声音》的解读，探寻“拒绝隐喻”背后的真相。“拒绝隐喻”的理论来自于坚《拒绝隐喻》[9] 这本书，有人认为于坚这个理论的提出，来自“影响的焦虑”，因为这个理论和布鲁姆对于诗歌理论的看法类似，意在反叛“朦胧诗”的诗歌艺术。[10] 其实，这只是外在的原因，任何诗歌理论最初和最后都会落到诗歌本体上，具体到“拒绝隐喻”，其最根本的着眼点在于诗歌的本体构成，即符号修辞，一句话，就是诗歌如何去写。

于坚在《诗言体》[11] 这篇文章中认为：“诗来自诗人对道的体会。道不是道理，更不是志，是‘道法自然’，不是文以载道的道，是开始之道,世界万物之道,生殖之道,无理之道。”[12]并且,于坚曾列出详细的图表,将诗歌的创作和接收过程分为三项[13],认为“诗言体”是从“无”到“有”到“无”,而“诗言志”是从“无”到“用”到“无”,从而得出结论:“诗言体”是转喻,是邻近;“诗言志”是隐喻,是价值相似。于坚进一步认为诗是转喻的,志是隐喻、是派生出来的,共同点都是喻,一个是喻之在体,一个是无体之喻。[14]因此于坚断言:“可以正读、正解就是劣诗的特征,好诗永远只产生‘误读’,因为它是不知道的,母的。只有劣诗才是知道的,一目了然的。”[15]

“无—有—无”与“无—用—无”的划分颇有道家思想的风范,所谓以无用为大用,“有”是存在,似乎无用,于坚认为这是诗歌的理想状态。这种分析方法极具符号学特色,是极度迷恋能指的优势,而故意打压被普遍认可的所指,这在当代的文学创作中屡见不鲜,先锋小说是一佳例。而对“永远的误读”的推崇,是将符号解释项推向开放的无限衍义。关于“误读”本身,符号学认为,任何符号都具有片面化的特征,因为通过符号感知的不是物本身,而是物的某些品质,“被感知”并不能使符号回归“物”本身[16],无限的误读汇集在一起,才可以无限地接近物本身。

沿着这个思路,于坚发现了诗歌本体质感的重要性,他认为中国古代的诗歌是非常肉感的,而现代诗歌却是一种智性的诗歌。[17]为了回到诗歌的肉感,必须回到感性,回到对于感性现象的描述。这类似于近年来小说对故事的回归,与后现代的文化有关。詹明信认为:“现代主义的巅峰时期,高等文化跟大众文化(或称商业文化),分别属于两个截然不同的美感经验范畴,今天,后现代主义把两者之间的界限彻底取消了。”[18]

于坚认为日常生活是感性的,本身具有诗意,而这种诗意不在于发掘而在于呈现,但是究竟该如何呈现诗意,于坚自己的表述也非常含混。关于这个问题,“雅各布森在阐释诗歌语言时凭直觉认为诗歌语言是聚合轴在组合轴上的投射，该观点很可能将具有更普遍的意义：它有可能阐释话语的句法结构和语义结构之间的裂痕”[19]。于坚的“拒绝隐喻”落实到创作中，就是有意详细地去描写喻体（即感性现象），而坚决不指出喻旨（即比喻的对象）。其实没有喻旨，是隐喻的常规，只是一般来说，喻旨可以被猜到。而于坚有意让读者无法猜到喻旨，让读者的目光更长久地停留在喻体上，从而加强读者对于诗歌本体的感性体认，这对于朦胧诗后期公式化的创作和解读可谓一种反拨。

于坚曾这样描述口语的特征：“人们肯定是在口语中性交而不是在书面语中性交，在口语中出生、过日子而不是在书面语中出生、过日子。”[20]而口语最重要的特征就是感性，于坚对于口语的迷恋，就是对存在、对现象、对物、对喻体的迷恋。对喻体的迷恋，容易导致对喻旨有意或无意的压制，滑入最具生命力和快感的一部分词语当中，这一部分词语即是关于生殖和性的词语。这是于坚常常为人诟病之处，三首关于性的诗歌《狼狗》、《性欲》、《黄与白》成为被攻击的靶心，甚至有人将于坚和《红楼梦》中写《女儿歌》的薛蟠相提并论[21]，不禁令人莞尔。可见，在感性诗歌的写作和阅读当中，在诗意与下流之间存在一个模糊的灰色地带，危险又迷人。

就“拒绝隐喻”的效果而言，格林伯格有一个著名的公式：先锋提供原因，低俗提供效果。[22]于坚本人有着较为清醒的认识：“道是中，左歪一步就成志，右歪一步就是无言。无言，也不是诗。”[23]理论说得很明白，但就具体的作品该由谁来判别？赵毅衡认为只有依靠先锋批评家，因为“先锋主义是一种紧紧依附于理论之上的文艺。瓦雷里曾说，古典主义作家‘写作时总觉得批评家在旁边’；先锋文艺可以说是完全面对批评家写的”[24]。于坚提出“拒绝隐喻”，想来也有着这样的私心。

二、《坠落的声音》符号修辞解读

《坠落的声音》被公认为于坚的代表作之一。本文将从于坚的诗歌理论入手，以符号学的“符号修辞”理论为工具，对这首诗进行细读，以期探寻到于坚诗歌符号世界的奥秘所在。

以下是对诗歌《坠落的声音》的解读：

我听见那个声音的坠落/那个声音
从某个高处落下/垂直的/我听见它开始
以及结束在下面/在房间里的响声/我转过身去
我听出它是在我后面/我觉得它是在地板上
或者地板和天花板之间/但那儿并没有什么松动
没有什么离开了位置/这在我预料之中/一切都是固定的

这是诗歌的开头一部分，诗歌以第一人称“我”开头，表明后面表述的属于私人经验，这经验是一个完成了的动作“听见”。按照习惯，能够被听见的应该是“声音”，但让人震惊的是，“我”所听见的却是声音的“坠落”。“坠落”主要有两种含义，第一种含义是掉落、下落，用来形容实在的物体从高处落下；第二种含义是衰落、没落，是比喻义。但是这首诗中“坠落”的是一种声音，声音是可感的，但却无色无形，是看不见的。可见，于坚在此处省略了一个词语“某个东西”，这声音应该来自“某个东西”的坠落。在这里，“声音”是喻体，发出声音的“某个东西”是喻旨，并且喻体在喻旨之前，形成了隐喻的一种变体——倒喻。“实际上，符号修辞的比喻，倒喻比‘正常顺序’的隐喻更多，喻体可以提供背景，烘托气氛，而喻旨后出强调意义所在。”[25] 于坚使用倒喻手法，试图渲染出一种悬疑的气氛吸引读者，因此他故意不说出那究竟是什么。因为诗人坚信，既然“声音的坠落”自己可以感觉到，那么读者通过创造性的想象，也可以感觉到。人有五种感官，尤以“视觉”和“听觉”最重要，但是人们常常会说“耳听为虚，眼见为实”，听觉一直被某些预设的意义压制着。意义对感觉的遮蔽，使人类对感觉变得麻木，不得不活在机械的意义里。但是诗人的这种感觉真实强烈，他希望读者和他一同去感觉，因为这些感觉来自生命本身，无需给予过多的解释和暗示。

诗人用指示代词“那个”限定“声音”，指示代词属于指示符号，它与对象之间相互提示，“从而让接收者感知符号即能够想象到对象，指示符号的作用就是把解释者的注意力引到对象上”[26]。是“那个”而不是“这个”，说明“声音”与诗人之间存在一定的距离，也为后文对声音来源的寻找埋下伏笔。

接着，诗人开始描述这种声音。那个声音是从“某个高处落下”的，而且是“垂直的”，这来自诗人细腻的感受。从高处落下很普遍，但诗人执拗地认为是“垂直的”，这是诗人的诗观使然，因为感受本身是个人的而不是集体的。朦胧诗是为一代人立言，第三代诗人希望让诗回归个人，“垂直的”就是诗人真实的感受，因此，他有权利这么说。而且，“我”还听见了“它”的开始和结束，这里的“它”究竟是“声音”还是“某个东西”都有可能，参照前文对于指示符号的解释，它们在意义上是一致的。它的“开始”和“结束”，“我”都听见了，即听到了整个声音发出的过程，而这声音来自“某个东西”的坠落，所以诗人开始了对于“某个东西”的寻找。因为声音虽然是真切地听到了，但“我”还是希望同读者一起去寻找声音背后的东西，或希望带领读者去体会一种感性的过程。

在“房间里的声响”，说明这是一个个人的处所，也与个人的感受相呼应。“我转过身去”，说明“某个东西”不在诗人附近，这是由于隐喻的特性造成的，“因为喻体往往是符号文本的组成部分，而喻旨离符号的表达组合比较远”[27]。而声音已经“结束”了，就更不容易找到它了。“我”开始凭借记忆中的声音去寻找，“我听出它是在我后面”，因此“我觉得它是在地板上/或者地板和天花板之间”，从“声音”想到“某个东西”，再想到“地板”和“天花板”，这是一种“潜喻”的思维形式。“潜喻”是指“A(如B,因此)有B_1,其中B_1是B的一个延展的品质或行为”[28]。从“声音”到“地板”和“天花板”，这些物象的组合，像是电影中的蒙太奇，画面感强烈。电影符号学家认为蒙太奇是符号隐喻，但赵毅衡认为蒙太奇很可能是符号潜喻。[29]沿着这个思路寻找，却没有发现任何蛛丝马迹，因为“但那儿并没有什么松动/没有什么离开了位置”。寻找宣布失败，但“这在我预料之中/一切都是固定的”，这句感叹可谓意味深长，可以成为理解这首诗的一个题眼。“一切都是固定的”，是说朦胧诗的隐喻和象征指向一个固定的意义集合，并且针对朦胧诗的解读已经形成了共识，哪些词语指向哪些意义，对于谙熟这套“密码”的人来说，解读几乎可以是自动的。而且这种千篇一律的解读方式像疾病一样蔓延，甚至其他类型的诗歌也是被如此粗暴地进行解读，这否认了诗歌本体多样性的存在，也否认了符号意义的无限衍义性。而“这在我预料之中”：“我”明明听见一个声音发出的全过程，却找不到任何证明，犹如一滴水落入大海，一切都无迹可寻。无论诗人如何努力创新，如何标新立异，被朦胧诗主宰的解读方式读出的意义，还是一成不变。

> 通过水泥/钉子/绳索/螺丝或者胶水
> 以及事物无法抗拒的向下/向下/被固定在地板上的桌子向下
> 被固定在桌子上的书/向下/被固定在书页上的
> 文字

“水泥”、“钉子”、“绳索”、“螺丝”或者“胶水”，这些东西都可能与那个声音有过关系，这一连串的物象组成曲喻。曲喻，是潜喻的进一步展开,A(如 B,因此)有 $B_1-B_2-B_3$[30],曲喻对读者的思维提出更高的要求,需要读者有很好的联想能力。当诗人在寻找那“某个东西”坠落的过程中,也许那个东西曾经和这些东西都有过触碰,但是这些东西还是静静地待在原处,找不到任何触碰过的痕迹。同时,这一连串的物象,都是工业文明的产物,它们都是没有生命的,是机械的、工具性的,与诗人的感性形成矛盾,当然无法给予诗人任何“回答”。在下面短短的几句诗“以及事物无法抗拒的向下/向下/被固定在地板上的桌子向下/被固定在桌子上的书/向下/被固定在书页上的文字”中,“向下”出现了四次,“固定”出现了三次,这绝非偶然。“固定”一词前文已经论述,在这里的三次出现,可以解释为一种强调,表现了作者对于明明听见了一个声音发生的全部过程,却发现一切可能相关的东西都一成不变的现状的恐惧。而四个“向下”却是有区别的:第一个“向下”来自“事物无法抗拒的”的原因,是地球的引力,属于自然的原因,但是其余的三个“向下”却是“通过水泥、钉、绳索、螺丝或者胶水”这些工业文明的工具“固定”住的。这些东西都被固定住了,一个原因来自自然,三个原因来自工具,却都表现为“固定”,很难区分。这是诗人对自身艰苦创作的自喻,也是一种隐喻,“我们总是易于认为隐喻同时具有两种意义——字面意义和隐喻意义,隐喻的张力来自这种两种意义的解读之间的矛盾对立”[31]。诗人努力地去展现自己的不同,渴望从生活中找到完全不同于朦胧诗的词语,但是这些词语却一直处于混沌状态,漫长的历史和文明给这些词语累积了太多的意义,那么真正地来自自然、来自生命的词语究竟是哪一些呢?而究竟哪一些意义才是最本真的意义?这是诗人面对的难题。

被固定住的都是什么东西呢?是“地板上的桌子”、“桌子上的书”和“书页上的文字”。在空间上,这个顺序是由下往上的,我们可以理解为是意义层层累加的过程,是形而上的过程,这种理解是“类推”思维。“类推”是指，“A对C就相当于B对D，可以紧缩为A是C的B”[32]。诗人在这里是用空间的由下到上类推思维的形而上。类推非常普遍，因为“类推实际上是所有比喻的预设语境，所有的比喻都是类推的缩写而已”[33]。“地板”在最下面，在面积上它是最大的，是放置另外几样的基础，类似于大地，用符号学的几种分类来作比，可以看成是本身并不携带意义的自然物。地板的上面是“桌子”，可以理解为原本不携带意义。而专门由人工制造出来以供使用的工具，在一般情况下，不被认为是符号。而“书”也是人工制造出来的，当它被用来当枕头或以其他实用的方式使用时，它不是符号，但当它被作为知识的载体来看待时，它就成了符号，携带意义。而“文字”却是人工制造的纯符号，它是作为意义的载体制造出来的。这些东西，向着意义层层推进，最后都被固定住了，无论是自然的原因还是人为的原因。最后“我”的目光落到了“文字”上，对于这层层累加意义的过程，诗人是明白的，但是诗歌最后却只能由文字写成，想要让诗歌回归原本丰富活泼的感性状态，也需要瓦解那些层层累加的固定的僵死的意义。

但那在时间中/在十一点二十分坠落的是什么
那越过挂钟和藤皮靠椅向下跌去的是什么
它肯定也穿越了书架和书架顶上的那匹瓷马
我肯定它是从另一层楼的房间里下来的/我听见它穿越
各种物件
光线/地毯/水泥板/石灰/沙和灯头/穿越木板和布
就像革命年代/秘密从一间囚房传到另一间囚房

紧接着诗人的目光转向了时间，“十一点二十分”是一个具体的时间，就是在那个具体的时间点，“某个东西”坠落了下来，诗人在急切地寻找那究竟是什么。但是时间是无法倒流的,也注定了寻找将会最终变得不确定起来。经历时间累积起来的意义,也变得不确定起来,因为时间已经过去了,在那个过去的时间里存在的意义,到了此刻还是真实的吗?诗人对此产生了怀疑。

但是"坠落"又是确实存在过的,"我"坚信"某个东西"曾经"越过挂钟和藤皮靠椅向下跌去"。"挂钟"指向时间,"藤皮靠椅"指向空间,以时间和空间为坐标的那个东西确实坠落下来了。"我"甚至可以设想出那个东西坠落的详细过程,"它肯定也穿越了书架和书架顶上的那匹瓷马/我肯定它是从另一层楼的房间里下来的",这也是一种"类推"。诗人开始相信那个东西并非属于自己所在的房间,具体的东西是无法从另一层楼的房间下来的,能下来的只有声音,"我"甚至猜测那个房间里和自己所在的房间有着相似的摆设,也有着"书架"和书架顶上的"瓷马"。这是一种有趣的猜测,不同的楼层象征不同的元语言层次,即不同的解释意义的法则,但是在不同的法则之后,是否存在着更为基础并将二者统摄起来的更高层次的法则?那种更高层次的法则,即使暂时找不到也无人能否定它的存在。

寻找愈发艰难,哪怕"我听见它穿越/各种物件/光线/地毯/水泥板/石灰/沙和灯头/穿越木板和布",哪怕"我"已经感受到了一切的细节,却对已经成为过去的时间无能为力。这些邻接的物件,按照"穿越"的路线,形成转喻的关系,这也是于坚所推崇的,具体的物和细节让语言展现的形象更加感性。"坠落"的过程,"就像革命年代/秘密从一间囚房传到另一间囚房",使用"革命年代"这个具有鲜明意识形态指向的词,和"秘密"、"囚房"一起,连成一组意象,与前面诗句所使用的那些毫无意识形态指向的词语,形成巨大的张力。"囚房"是封闭的象征,指向一个狭小封闭的意义系统,"囚房"之间传递秘密的难度可想而知,而且是在"革命年代"这样尖锐的时代背景的限制下。但是,“秘密”的传递是实际存在的,究竟如何传递,诗人没有说出来,我们也不得而知。声音经过“各种物件”,最后被“我”听到了,虽然“光线”、“地毯”、“水泥板”、“石灰”、“沙”、“灯头”、“木板”和“布”,都参与了声音的传递,却“沉默”地坚守着“秘密”,“我”成了这个“秘密”最后的接收者。关于意义的传达,格雷马斯认为“它们仅仅在语言的两个独立层面之间,建立了关联性的互控关系”[34]。因为传递的路线太长,而找不到声音最初的源头,这是符号的根本特征,一个符号总是需要另一个符号去解释,无限衍义形成了一条意义的宇宙,这个宇宙无边无际。当然,诗人无需去寻找宇宙的尽头,想要有效地表达意义,只要弄清楚“意图的定点”即可,哪怕只是停留在对于细节的描述上。

这儿远离果园/远离石头和一切球体
现在不是雨季/也不是刮大风的春天
那是什么坠落/在十一点二十分和二十一分这段时间

这几句诗的意义相对比较简单,“远离果园”,排除了成熟的果子坠落的声音;“远离石头和一切球体”,排除了石头或是球体坠落的声音;“不是雨季”,排除了雨点坠落的声音;“不是刮大风的春天”,排除了大风刮起的东西坠落的声音。诗人作出一系列的排除,是为了说明意义是那么抽象,它并不像我们通常见到的东西那样,看得见摸得着,但是却实际存在着。诗人排除了这许多原因之后,变得越发迷惑,不禁再一次发出了“那是什么坠落”的疑问。诗人再次强调“十一点二十分和二十一分这段时间”这个听到声音坠落的时间,这个已经过去了的时间,在诗人的大脑中留下了深深的记忆,折磨着诗人的神经。

我清楚地听到/它容易被忽视的坠落
因为没有什么事物受到伤害/没有什么事件和这声音有关
它的坠落并没有像一块大玻璃那样四散开去
也没有像一块陨石震动四周

这种折磨让诗人陷入深深的思索,思索围绕着诗人自身的感受出发。"我清楚地听到它容易被忽视的坠落",说明听到的人是"我"本人,而不是别人。并且坠落的声音是"容易被忽视的",至于为什么容易被忽视,诗人说是"因为没有什么事物受到伤害 / 没有什么事件和这声音有关",诗人接着对原因举例,例如它的坠落"并没有像一块大玻璃那样四散开去",在四周散满了破碎的玻璃,"也没有像一块陨石震动四周",让四周的东西受到震动而移位,或者在地面上留下深深的凹痕。总之,关于这声音的坠落,完全无迹可寻。就像符号,既是载体又表达意义,思想已经感受到那神秘的意义了,但载体本身却模糊起来了。对于朦胧诗以后的诗人来说,那些有着固定意义的词语应该被抛弃,因为他们已经感受到了新的意义。但是抛开朦胧诗所规定的意义公式之后,对于新的词语的寻找是困难的,一切都是真实的,一切又都是不确定的。

诗人将自己听到的坠落的声音,与各种可以明显找到证据的各种声音作比较,再次强调了"我"所听到的声音的特别,虽然没有留下任何痕迹,但"我"还是"清楚"地听到了。这种巨大的疑问形成一种张力,而这种张力像是一座巨大的火山,寻求着爆发的途径,为诗歌最后如何处理这种张力提出了巨大的挑战。

那声音/相当清晰/足以被耳朵听到
又不足以被描述/形容和比划/不足以被另一双耳朵证实
那是什么坠落了/这只和我有关的坠落

它停留在那儿/在我的身后/在空间和时间的某个部位

最后,诗人承认,虽然那声音“相当清晰”,以至于“足以被耳朵听到”,但困难的是它“又不足以被描述 / 形容和比划 / 不足以被另一双耳朵证实”,可见这声音是只可意会而无法言传的,并且是“个人化”的。但是“那是什么坠落了”? 诗人自问自答,之所以找不到坠落的“那个东西”,是因为“这只和我有关的坠落”,这是纯个人化的经验,又是发生在极端的偶然当中,别人没有这方面的经验,自然就与此无关,也难于交流。这展现了诗人对于诗歌创作的两难处境。拒绝朦胧诗,就是拒绝了为集体代言的程式化的公共写作,拒绝那种具有极强的规约性的符号传达;回归个人写作,又会因为个人经验的难于传达而陷入混沌,陷入任意性的符号漩涡。因为,“人们通常总是习惯于按照社会环境中一般人了解自己的尺度,而不是按照大多隐藏在他们自身之外的精神事实,来衡量他们的自我知识”[35]。

诗人最后一次为那个声音的坠落进行了一次自我确认的描述,“它停留在那儿 / 在我的身后 / 在空间和时间的某个部位”,无论别人有没有听到,都无法改变“我”听到了的事实,而且那声音仿佛就“停留在那儿”了,甚至就“在我的身后”,它永远都存在于“空间和时间的某个部位”,这是诗人对于个人独特感受的坚持。面对长久以来诗歌创作中对“志”的预设,诗歌趋向于模仿甚至复制,但是“艺术作品的即使是最完美的复制品也缺少一种因素:它的时间和空间的在场,它在它碰巧出现的地方的独一无二的存在”[36]。这和于坚的诗歌主张异曲同工。

通过上述的详细解读,可以认定,于坚的这首诗是对于自身写作经验的一种形象的隐喻。诗人对声音的坠落进行了非常细致的描述,有意地拉长寻找声音源头的过程,引领读者进行了一次关于寻找的思维之旅，最后却拒绝告诉读者答案，声称这种声音只属于“我”自己。于坚坚决不指出喻旨（即比喻的对象），并非是有意愚弄读者，而是希望向读者展示喻体（即感性现象）的重要性，希望读者回归生命本体的感性和实在。“隐喻的意义不仅仅来自词语之间的交感和激发，来自词语意义的转移等等，而且更为重要的是，它还来自话语发出者和接收者的意图。”[37] 这样，“拒绝隐喻”就成了拒绝告诉读者喻旨，并拒绝给予任何提示，让读者抛开一切束缚，通过对感性现象的切身感受，依靠自己的想象来给出答案。因为他相信：哪怕是混沌，哪怕是不确定，都来自鲜活的生命本身，来自自我真实的时空。

三、“拒绝隐喻”先锋姿态的价值和隐患

通过上述文本考察，我们可以发现，“拒绝隐喻”的重要意义在于它是一种先锋姿态，“先锋姿态的本质是永远与现实文化对抗”[38]。这一理论和20世纪60年代苏珊·桑塔格的“反对阐释”有着血缘的联系，“‘反对阐释’，即搁置一切价值评判，或者说保持‘价值中立’。而实质上，搁置一切价值评判，就意味着对一切价值评判同等对待，先锋派艺术、同性恋以及其他种种不见容于高级文化和传统生活方式的价值和行为，就这样合法地进入了文化和生活方式领域，并从最深处瓦解了等级秩序所依赖的基础”[39]。当朦胧诗已经成为一种新的传统，亟需一种更新的诗来打破时，年轻的第三代诗人也急切地希望证明自身，于是“拒绝隐喻”这个激进的理论得以产生。

于坚在“文革”中长大，带着“文革”的切肤之痛，藐视一切权威和秩序，对于“言志”派的朦胧诗嗤之以鼻。甚至那几首著名的“黄色诗”，也是对于“文革”中“志”对“身体”的压迫的一种挑衅和反抗。

但是“拒绝隐喻”在实践创作中几乎不可能实现。语言是人工制造的纯符号，没有隐喻就没有语言，更没有诗歌语言。而第三代诗人的诸多命名，也无一例外均是以朦胧诗群作为参照的，这本身就是一个尴尬的隐喻。

“《反对阐释》一文中的标题‘阐释’是一个单数名词，这就意味着，桑塔格并不反对阐释本身，而是反对唯一的一种阐释，即那种通过把世界纳入既定的意义系统，从而一方面导致意义的影子世界日益膨胀，另一方面却导致真实世界日益贫瘠的阐释行为。换言之，她希望以对世界的多元化的复制，来瓦解对世界单一化的复制。她对‘形式’、‘表面’或者‘身体’的看重，是对这个影子世界所做出的一个叛逆的姿态。正因为这是一个姿态，所以具有夸张和走极端的色彩。”[40] 这一点，对“拒绝隐喻”同样适用。对“志”的反抗，其实是对千篇一律的公认的那种“志”的反抗，而不是反抗“志”本身。“拒绝隐喻”不是拒绝隐喻本身，而是拒绝那种元语言僵化的隐喻。于坚通过对“喻体”的侧重，引领读者回归感性，从而开创新的隐喻形式和新的元语言。于坚的这首诗有让人惊愕的效果，而“诗是一种令人惊愕的语言”[41]，“令人惊愕是因为它是真实的，是我们不期而遇之真实”[42]。

“物不需要被全面感知才携带意义。让物的过多品质参与携带意义，反而成为表意的累赘。”[43] 于坚认为朦胧诗携带了太多的意义，因此将大量新词入诗，这给习惯朦胧诗的读者提出了新的要求，部分阻止了旧有的“公式化”解读，让人们将更多的目光投射到诗歌本身。以于坚为代表之一的第三代诗人们出现在 20 世纪 80 年代中期，商品经济和自由竞争将以前备受推崇的“英雄主义”挤压得面目全非，“知识分子精英”受到巨大的挑战，受此影响，第三代诗歌具有“反英雄主义”的美学原则，有着“削平深度”的总体向度。这也引发了“返诗”与“反诗”的长久争论。这其实是先锋文学的本质使然，因为先锋追求新异,“不是在发展,而是在打破传统”[44]。朦胧诗已经陷入机械当中,而“‘机械的’技巧,即那些已不再被视为是形式,并因此不再传达对于现实的一种新的观点的技巧,被新的、能够实现这些目的的技巧所取代,直到它们也变成‘机械的’,也相应地被替换为止”[45]。

关于“削平深度”,赵毅衡有着精彩的论述:“就文学而言,文本不再指向意义,只留下意义的痕迹,或者说似乎有意义的逗弄;就诗学而言,是消除元语言,切断表意之链,从而使释义不服从某个标准。”[46]但是,众所周知,批评并没有停止释义。因为,批评主体不是寻找原设的意义,而是创造意义,至此文本成了一个召唤结构,“它无法提供自我意识,而靠产生意义的阅读提供意识主体”[47]。因此,当今诗歌界,诗歌批评取代诗歌创作,成为重中之重。与此相似的情况是翻译,于坚认为诗歌无法翻译,因为翻译是把“志”和“体”肢解的技术,但是又不得不承认:“杰出的翻译是由于译者已经创造了一个体,但是这个体不是原体,它是邻近的,转喻的。”[48]于坚本人的诗歌也已经被翻译成多国语言,并在国外屡获大奖,看来,他诗歌的译者也是杰出的“体”的创造者。

先锋姿态总是伴随着隐患。第三代诗人杨黎认为诗是无用的废话,成为“废话诗歌”的教主,于是“梨花体”、“蜜糖体”、“咆哮体”充斥网络,诗歌有史以来第一次不再是精英知识分子的专利。无论这些诗歌是否有诗意,我们都无法否认它们是诗,这是由诗歌形式的符号强编码造成的,只要它们是分行的,阐释者就不得不按照诗歌的方式去解读。但是这种诗歌的泛化,在证明诗歌还艰难存在的同时,也对诗歌本身带来巨大的伤害,一切如诗的现状,会造成诗人的某些错觉,觉得写诗是很简单的事情,从而停止前进的步伐。难得于坚还算清醒,他承认:“先锋是一种对限制的反抗,但离开了限制,先锋也就不存在了。天马行空很容易,但先锋很难。”[49]从“朦胧诗"到"口语诗"的转变，让人自然想到同一时期的小说的转化，当小说从"先锋"滑入"新写实"乃至近年的"底层"写作，简单化的道德倾向取代了文学自身的探索，令人失望。郭玉洁认为："20 世纪 80 年代有太多压抑的激情需要释放出来，而今天物质的富足、消费的自由满足了人们，探索、突破的精神于是成为稀有的品质。"[50] 而她写下"先锋已死？"这个耸人听闻的标题，"是希望呼唤每一代人当中不甘平凡者内心的冒险精神，来为这个世界添加新的可能，而非加固其庸常之处"[51]。

结语：对未来诗歌走向的展望

诗歌永远都在追求先锋。最早系统提出先锋理论的波焦利(Renato Poggioli)说，先锋派艺术充满着对"新奇甚至怪异的狂热"[52]，换句话说，诗就是脱离常规的"不正常的语言"，所谓"文无定法"，"不正常"是唯一之法。第三代诗人提出诸多理论反抗朦胧诗，是不同诗派之间不正常竞争的花样，由 1986 年 10 月的那场声势浩大的"中国现代诗群体大展"可见一斑。在很多时候，理论和口号的提出只是为了凸显自身，是诗派争取自身地位的手段，诗歌创作本身往往退居其次，以致名诗人一堆，却难见好诗。赵毅衡先生对此有一妙论："这是对文学的创造能力的自我怀疑。不仅文学，对学术一样如此。落地的鹰，看到美食遍地，何必再起飞呢？"[53] 看来，我们亟需另一场诗歌革命的到来！

---

①②⑯㉕㉖㉗㉘㉙㉚㊸　赵毅衡：《符号学原理与推演》，191、191—192、37、195、82、

195、195、195、195、37 页，南京：南京大学出版社，2011。

③④⑦⑧ 藏策：《超隐喻与话语流变》，280、281、281、281 页，天津：天津人民出版社，2006。

⑤ 赵维森：《隐喻文化学》，46 页，西安：西北大学出版社，2007。

⑥㊶㊷ 耿占春：《隐喻》，255、167、167 页，开封：河南大学出版社，2007。

⑨ 于坚：《拒绝隐喻》，昆明：云南人民出版社，2004。

⑩ 耿国丽：《从〈影响的焦虑〉看于坚拒绝隐喻的诗歌创作理论》，载《大众文艺（理论）》，2009(9)。

⑪⑫⑬⑭⑮⑰㉓㊽ 于坚：《诗集与图像：2000—2002》，228—247、234、237、336、235、240、235、236 页，西宁：青海人民出版社，2003。

⑱ 詹明信：《晚期资本主义的文化逻辑》，张旭东译，424 页，北京：生活·读书·新知三联书店，1997。

⑲⑳㉞ A·J. 格雷马斯：《论意义》，吴泓缈、冯学俊译，317、241、5 页，天津：百花文艺出版社，2005。

㉑ 项兆斌：《趣论于坚口语诗及其他》，引自左岸文化网：http://www.eduww.com/thinker/forum-viewthread-action-printable-tid-35884.html.

㉒㉔㊻㊼ 赵毅衡：《意不尽言——文学的形式一文化论》，75、77、4、4 页，南京：南京大学出版社，2009。

㉛㉜㉝㊲ 季广茂：《隐喻视野中的诗性传统》，45、45、196、40 页，北京：高等教育出版社，1998。

㉟ 卡尔·古斯塔夫·荣格：《未发现的自我》，张敦福、赵蕾译，3 页，北京：国际文化出版公司，2001。

㊱ 汉娜·阿伦特编：《启迪：本雅明文选》，张旭东、王斑译，234 页，北京：生活·读书·新知三联书店，2008。

㊳ 尹国君：《先锋实验——八九十年代的中国先锋文化》，2 页，北京：东方出版社，1998。

㊴㊵ 苏珊·桑塔格：《反对阐释》，程巍译，7、7—8 页，上海：上海译文出版社，2003。

㊹㊺㊾ 彼得·比格尔：《先锋派理论》，高建平译，133、133、10 页，北京：商务印书馆，2002。

㊾ 转引自吕露采访于坚：我在疯狂的时代长大，载于网易博客“杨黎的废话”：http://blog.sina.com.cn/s/blog_477e9b940100jl7y.html.

㊿51 郭玉洁：《先锋已死？》，郭玉洁主编：《单向街002》，4、4页，银川：宁夏人民出版社，2010。

53 参见《符号学论坛》：http://www.semiotics.net.cn/bbs/dispbbs.asp?boardid=16&Id=1583.

马文美　四川大学文学与新闻学院符号学—传媒学研究中心　邮编：610064

《李凭箜篌引》中的阴性气质和克里斯台娃的"子宫间"概念

◎张　颖

《李凭箜篌引》是"诗鬼"李贺的代表作，在中国古典诗词史上，凭借想象的丰富奇特、幽深奇谲，意象的晦涩难懂，意义的不可捉摸而占据一席之地。诗歌中的意象繁多，各类不同的意象拼贴组合，是诗歌的意义不可捉摸的原因。清朝《四库全书简明目录》昌黎集四卷，外集一卷有"贺于诗家为别派，牧序谓其少加以理，可奴仆命骚，不知贺诗别趣，在于不可解以理，使必出于理，则不能措词"[①]之评价。

一

李凭箜篌引

吴丝蜀桐张高秋，空山凝云颓不流。

江娥啼竹素女愁，李凭中国弹箜篌。

昆山玉碎凤凰叫，芙蓉泣露香兰笑。
十二门前融冷光，二十三丝动紫皇。
女娲炼石补天处，石破天惊逗秋雨。
梦入神山教神妪，老鱼跳波瘦蛟舞。
吴质不眠倚桂树，露脚斜飞湿寒兔。

若抛开对诗歌整体意义的研究转向对诗歌形式上的意象分析，会有另外的发现。《李凭箜篌引》中出现了多类阴性意象和极富女性特征的动词。“江娥啼竹素女愁”中，江娥是指湘娥，即传说中舜之二妃，娥皇、女英。《博物志》卷八曰：“尧之二女，舜之二妃，曰湘夫人。舜崩，二妃啼，以啼挥竹，竹尽斑。”[②]而素女愁是源自《史记·封禅书》：“或曰：太帝使素女鼓五十弦瑟，悲，帝禁不止，故破其瑟为二十五弦。”[③]此句中的江娥和素女皆是女性。诗句“昆山玉碎凤凰叫，芙蓉泣露香兰笑”中，凤凰是中国古代传说中的百鸟之王，和龙一样为汉族的图腾，是女性的象征。“芙蓉泣露”源自《刘子·言苑》“春葩含日似笑，秋叶泫露如泣”[④]，“香兰笑”即兰花的盛开给人一种张开笑脸的印象，两种花呈现的均是阴柔美。

接下来看“女娲炼石补天处，石破天惊逗秋雨”一句。女娲补天的神话由来已久，女娲被原始先民认为是中国古代神话传说中的一位女神，她熔炼五色石来修补苍天，同时民间也流传着女娲造人的传说，她是被民间长久崇拜的创世神和始祖神。诗歌在此处引入女娲炼石补天的神话，透露出对女性造人的崇拜，因为在人类社会早期的女性氏族社会中，女性占据主导地位。

李贺诗歌中的江娥、素女、凤凰、芙蓉、香兰、女娲，以及“梦入神山教神妪”中的神妪的意象均是显性的阴性意象，有的是具有女性的身份，有的是女性的阴柔美的象征物。诗歌中推崇女性身份和女性阴柔美，正是道家哲学传统的体现。追踪溯源，道家思想继承的是原始社会中母系氏族社会的原始宗教传统。将女性的地位凸显出来,形成贵阴尚柔的道家哲学,由此民族社会形成了尊重女性的阴柔、谦让、虚静等品质的特征。如《老子》第三十六章中的"柔胜刚,弱胜强。鱼不可脱于渊,国之利器不可以示人"[⑤],强调的正是一种虚静柔弱事物的初始状态的品质。在第六十一章有"牝常以静胜牡,以静为其下"[⑥]之句,此处的"静"就是指女性的一种无争、和谐、温柔的状态。"牝"是指雌类,引申为女性。女性总是以她那特有的温柔恬静的品质来赢得男性的倾心爱慕,女性也总是以她那特有的温柔恬静的品质来使男性屈尊于自己的裙下。李贺的《李凭箜篌引》中偏爱的阴性意象体现出的正是对女性温柔善良、文雅恬静的品质的推崇。这与道家贵阴尚柔的哲学思想是如出一辙的。

诗歌后半部分的阴性意象不易察觉,可看成是隐性的阴性意象。"老鱼跳波瘦蛟舞"与"吴质不眠倚桂树,露脚斜飞湿寒兔"中存在的阴性意象无法通过直观的女性意象表现出来,需要将诗歌中的意象与道家经典相结合。在道家的经典著作《老子》中多次出现"母"字,如第六章"谷神不死,是谓玄牝。玄牝之门,是谓天地根。绵绵若存,用之不勤"[⑦]。此章可以理解为"道"像山谷的神灵,永存不死。它也可以称作是微妙莫测的母畜,这母畜的产门就是天地的根源,隐隐约约似有似无的样子,好像存在着,利用起来却没有尽头。"玄牝之门"既是女性的生殖器,又是谷神即女性生殖神的根本。通过女性的生育功能引申出天地的起源,即"道"是繁衍整个宇宙和天地的根本,无穷无尽。第二十五章"有物混成,先天地生。寂兮寥兮,独立不改,周行而不殆,可以为天下母"[⑧]中的"可以为天下母"正可与此印证。"母"这一意象在道家经典中俯拾皆是。归根结底,这些都是源自母系氏族社会的女性生殖崇拜。道家根本思想史发生于生殖崇拜,注重女性的生殖活动乃至社会创造活动的地位,其思想深层是强调对女性社会地位的尊重。

在诗歌的后半部分,"老鱼跳波瘦蛟舞"一句,出现"鱼"和"水"两种交叉的意象。与古代先民对女性身体的体验相关,从女性的身体到女阴,进而引申到鱼、水、血,引申到月经、子宫,这些都是彼此有连带的密不可分的关联象征物。血和水都认为与妇女有天然的联系。经血是女性孕育生命的必要条件:女性怀孕,经血停止;怀孕之后,胎儿孕育在母亲的体内,被水养着。女性分娩后经血恢复,闭经后失去生育能力。先民由此将生命的孕育和血、水联系起来。而诗歌中"鱼"的意象,又与母系氏族社会时期以鱼为图腾的生殖崇拜直接相关。鱼一直都是女性的生殖器的象征。从表象上来说,鱼的轮廓与女阴的轮廓极其相似,而且鱼腹多子,繁殖能力强。在母系氏族社会遗址出土的陶器上很多都绘着或刻着鱼纹符号,体现出对女阴的崇拜。"鱼"和"水"两个意象作为象征物在《易经》和道家的经典著作中也多次出现。

李贺诗歌中的"吴质不眠倚桂树,露脚斜飞湿寒兔"运用了有关月亮的典故。《酉阳杂俎》卷一:"旧言月中有桂,有蟾蜍。故异书言月桂高五百丈,下有一人常斫之,树创随合。人姓吴名刚,西何人,学仙有过,谪令法术。"[9] 此处隐藏着两类意象(月、蟾蜍)。蟾蜍与月亮,是一组与"子宫"相连带的意象,此处正是移用了这一组意象,诗句中虽无蟾蜍、月亮之实,但创造的艺术画面却与这两类意象紧密相连。另外,"吴质不眠倚桂树"中出现"倚"字,颇耐人寻味。《说文解字》中对"倚"字的解释为:"倚,依也。从人奇声。"[10] 吴刚本为男性,并不具备女性的身份,一个与吴刚的男性阳刚的形象相悖的"倚"字,却极尽女性阴柔之意味。诗歌中存在的隐性的阴性意象从对女性生殖力崇拜的角度,证实了道家贵阴尚柔的哲学传统。

二

法国精神分析符号学家克里斯台娃,在吸收弗洛伊德的精神分析理论尤其是无意识的符号论,以及拉康的精神分析理论中的主体理论的基础之上,建构了她的“精神分析符号学”(semanalysis)理论。她将关注的重心放在主体形成之前的深层次无意识的领域。

“子宫间”就是她在构筑其精神分析符号学理论体系时,提出的核心概念之一。克里斯台娃认为在主体形成之前存在着心理和身体欲动交替穿越的空间即“子宫间”(chora)——“既负荷着能量又标记着心理状态的欲动形成称为子宫间的东西。可以理解为,在激烈运动但又受规则约束的运动状态中,从欲动和其停滞状态中形成的非表现性的全体性的东西”[11]。

在克里斯台娃看来,子宫间是婴儿(0—6 个月)的时间,即心理发展的最早阶段,在这一前语言的发展阶段,她被一种混乱的理念、情感和需要所控制,她不能区分自已和母亲甚至周围的世界。这个阶段最接近纯物质的存在,拉康将其定义为“现实界”,婴儿仅受制于本能。“婴儿的经验是一种混乱,是一种形状不定的团”[12],拉康认为,这一时期是母子双边关系的时期,此刻父亲还未介入,孩子在这一阶段与母亲直接相对,想成为她的“一切”,即成为母亲欲望的欲望,因而想与母亲同化。克里斯台娃在拉康的基础之上认为:“‘子宫间’是一种意指作用的模态,在这种模态之下,作为某个客体离场的语言符号还未形成,是处在‘现实界’和‘象征界’之间。”[13]母亲并非主体,而是一个与婴儿共生的结合体的一部分,被看做是异于婴儿的“他者”,或者可以认为一个被渴望的客体,是婴儿心中被压抑的和不可言说的部分,即某种可怕的颠覆力量的所在。“子宫间”作为一种暧昧的、混沌的、背叛的、不可言说和充满愉悦的女性空间,可以理解为是一种母性的隐喻。在这个空间之内,母子是处于一种共生的阶段，婴儿此时尚未认识到自己是独立的主体。母体作为一封闭的空间，既是婴儿的生命孕育之场所，又是婴儿自我的主体性形成的准备之所。

假若克里斯台娃的"子宫间"概念即拉康分析的俄狄浦斯过程的第一阶段，那么拉康所提出的包含着镜像阶段的俄狄浦斯的第二个阶段，可以认为是"子宫间"概念的外延和扩展。拉康认为，在镜像阶段，形成想象界(the imaginary)，此时的幻想之物是由欲望、想象和幻象构成的世界，是不受现实原则支配的预先设定的自我想象的主体。这个阶段父亲已经开始介入。可以认为在父亲完全登上舞台的俄狄浦斯阶段之前，存在着"子宫间"和延展的镜像阶段。克里斯台娃的理论中，镜像阶段是婴儿从身体中发出声音符号的契机。她认为，镜子作为一种开创意义生成空间的源起，使得子宫间的流动的欲动进入能指成为符号，成为一种必然的过程。

父亲完全代替母亲的位置登上舞台，孩子克服与母亲同化而与父亲同化，进入语言秩序，逐步形成合法主体的阶段，拉康将之命名为"象征界"(the symbolic)。他认为："象征界是父亲出现之后所代表的一种秩序，是支配个体生命活动的规律。个体依靠象征界接触文化环境，同'他者'建立关系，在这种关系基础上客体化，开始作为主体而存在。幼儿只有经过象征界才成为主体，才由自然人变为文化人。象征界的作用就是人的社会性和文化性的实现以及人的性与侵略本能的规范化。"[14]可以认为，父亲所表征的"法"，是一种规则、规约和逻辑性。

三

李贺的《李凭箜篌引》中，极尽女性阴柔意象的描写，显隐相互陪衬，表现女性生命状态的词俯拾皆是。除去意象，极富女性特征的动词也是本诗的一大亮点。除去上文已经分析的“吴质不眠倚桂树”中的“倚”，“啼”“愁”“叫”“泣”“笑”“逗”“舞”等皆与女性的感受和体态相关。在中国古典诗词中，这些动词，往往都是为表现女性多愁善感、体态轻盈、柔弱多情而出现。而这些动词在李贺的诗歌中出现，恰如其分地把握住了女性的情感和心态的变化。

因此，结合诗歌中的阴性意象和极富女性特征的词汇来看，李贺的《李凭箜篌引》并非钱钟书先生所言“余尝谓长吉之心，如短视人之目力，近则细察秋毫，远则大不能睹舆薪；故忽起忽落，忽转忽断，复出傍生，爽肌戞魄之境，酸心刺骨之字，如明珠错落”[15]。这首诗的意象虽然晦涩难懂，意象的组合更是独辟蹊径，忽起忽落、忽转忽断，但却是可琢磨的，其境并非“爽肌戞魄”，而是阴柔虚静，其字并非“酸心刺骨”，而是妙趣横生。诗歌文本所表现出来的阴性气质正是一种西方文艺理论中的“阴性书写”。

“阴性书写”的概念，源自法国女性主义批评家埃莱娜·西克苏，她认为，“‘阴性书写’的核心观念是呼吁女性参与写作，将女性身体和生命意识运用到写作当中”。西克苏充分认识到，是西方传统的思维模式，即以二元对立和等级制为核心的思维方式制约和压抑着女性，使得女性没有获得真正属于自己的位置，同一/他者，心智/感情，主体/客体，理念/事物……这一系列典型的二元对立概念，在西克苏看来，归根结底都源于男/女(阳/阴)的对立。[16]

《李凭箜篌引》中多次出现的贵柔尚阴的意象和动词，凸显出来的正是道家思想中对母性生殖能力的推崇和对母性空间的崇拜。而这一点，正是克里斯台娃的“子宫间”概念所特有的女性气质之一。

道家的经典著作《老子》一书中多处提到对母体和女性生殖能力的推崇。首先是通过对婴儿的虚静柔弱状态的推崇，强调对母体的回归，表现出对母体的眷恋。如《老子》第二十八章中的“知其雄，守其雌，为天下溪；为天下溪，常德不离，复归于婴儿”[17]。此处，雄是指阳性，阳刚之气，讲究强盛进取，雌是指阴性，讲究柔弱虚静。婴儿是人生之初最柔弱的状态，因为婴儿纯真无欲，乃是人之本原。“复归于婴儿”强调回归婴儿在母亲怀抱里或者子宫内，即克里斯台娃所讲的“子宫间”状态下，主体未形成之时的那种自由幸福、无忧无虑的状态。第五十五章“含德之厚者，比于赤子。毒虫不蜇，猛兽不据，攫鸟不搏”[18]中，“赤子”是生活在母亲子宫内的或者在母亲怀抱里的婴儿，是赤身裸体、完美无缺的，处于一种本真的生存状态之下。处在母亲的子宫内或者母亲怀中的婴儿可以免受毒虫、猛兽和攫鸟的侵害。第三十六章中“柔胜刚，弱胜强；鱼不可脱于渊，国之利器不可以示人”[19]一句，通过柔弱能够战胜刚强，婴儿不能离开母体，正如鱼不可以离开水而生活，人类不可以离开道这一世界本源而生活的阐述，凸显出母体的营养对婴儿生活的重要性。

此处道家所强调的一种回归婴儿状态的诉求，免受“毒虫”“猛兽”“攫鸟”的侵害，与克里斯台娃的“子宫间”是异曲同工的。“子宫间”状态之下的婴儿，刚入世，本身就是“未分化的”，是“非主体的存在物，此时无物、无我，混沌一片”。在婴儿作为一个独立的主体与母亲分离、完全形成自我的主体之前，婴儿未受到任何社会、文化、语言所代表的社会规约、制度、历史和意识形态等的限制，完全是一种纯净的状态。赤子状态下的婴孩，免受外界事物的侵害，旨在保护婴孩本身。道家对赤子状态的推崇，与“子宫间”概念的特有气质是异曲同工的。

另外，道家强调母体是孕育万物的根基，是万物的创始者和万物的供养者。有文为证：《老子》第五十二章中的“天下有始，以为天下母”[20]。这凸显出的正是“道”的本源性和根源性，用“母”喻“道”最恰当，因为“道”既是万物的创始者，又是万物的养育者，万物皆由它而生，循它而成。世界万物都有一个共同的开端，这个共同的开端同时也就是世界万物的共同本源。《老子》第六章：“谷神不死，是谓玄牝。玄牝之门，是谓天地根。绵绵若存，用之不勤。”[21]此章用山谷的虚静灵通，和视而不见、微妙莫测的玄牝，以及玄牝产门隐隐约约、似有似无的样子，来表现天地万物生命泉源的根本。母体孕育着万物，母亲的身体是一种“门户”，既是天地万物生发的普遍的法则，又是保存婴儿自身的纯真状态的保护之门。此处又是克里斯台娃的“子宫间”的特有气质之一。

在“子宫间”的阶段，婴儿与母亲是共体的。母子是一种共生关系，母亲是作为此时婴儿世界里的唯一他者。婴儿孕育在母亲体内时，是处在子宫之中的，而在婴儿入世之后的 0—6 个月期间，婴儿的主体性依然未形成。因此，可以认为：对于婴儿而言，母亲即是生命的孕育者，同时又是婴儿在发觉自身的主体性之前，婴儿世界中唯一的存在。在《老子》的开篇“无名，万物之始也；有名，万物之母也……两者同出，异名同谓；玄之又玄，众妙之门”[22]中，“始”和“母”二者是“异名同谓”的。《说文解字》中对“始”解释为：“始，女之初也。从女台声。”[23]始与女直接相关。而“母，牧也。从女，象裹子形。一曰：象乳子也”[24]。老子是希望通过母亲的创生和生育来建构自身关于“道”的哲学理论的。在婴儿的创生和养育阶段，父亲登上舞台之前，母子是共存的，母亲的身体保护着婴儿免受外物的侵害，然而，这种浅层次的分析可以导向更深层次的分析空间。

更进一步说，“子宫间”概念和道家思想中对母亲身体和母性生殖能力的崇拜的契合，有着更深层次的文化和历史渊源。这需要从父亲正式出现，父亲与母亲和婴儿形成三边关系的中界点谈开。这个中界点就是拒绝父亲登上舞台，拒绝父亲发挥主要作用的“象征界”中“法”和规则的制约，希望通过保留母性的空间和母子同体的角色定位，保持婴儿与母亲主体不分离的特征。

道家思想中重视阴性意象，注重女性在生殖活动乃至社会创造活动中的地位，从文化根源上来说，是根源于原始社会的早期，原始先民中父系社会与母系社会原始性的对抗。与道家思想推崇女性的生殖能力和女阴崇拜相对立，儒家思想讲究阳刚之气，从历史根源上来说，根源于父权社会时期，以父亲为核心的氏族宗法家长制的传统。

儒家思想的代表作《四书章句集注·大学》中提到“古之欲明明德于天下者，先治其国；欲治其国者，先齐其家；欲齐其家者，先修其身”[25]，后文中还有“身修而后家齐，家齐而后国治，国治而后天下平”[26]。以上的观点即是儒家经典中的“修身、齐家、治国、平天下”之说。《大学》中还有对此观点进一步的解释，在《释修身齐家》一部分提到：“所谓治国必先有齐家者，其家不可教而能教人者，无之。故君子不出家而成教于国；孝者，所以事君也；弟者，所以事长也；慈者，所以使众也。”[27]可以理解为，儒家思想的核心“仁”是存在着内核和外衬的关系的。在“身”“家”“国”“天下”四者之中，家是核心，而国乃至天下，却是家庭关系的外衬和延展。从修身、齐家到治国、平天下的顺延，可以被认为就是以“四书”为代表的原始儒家思想中由人伦的“小家”情感向社会关系的过渡。

有学者认为，“儒家思想的核心‘仁’的精神实质是将夫妻、父子之间的人伦感情，上升到君臣之间的社会秩序，意义在于努力地发掘未被私有制利刃所彻底斩断的原始血缘纽带和亲伦的关系”[28]。儒家思想以“仁”为核心，建构起来的是“天地家庭社会”这样的三位一体的哲学框架。而以《论语》为代表的早期儒学的核心主要是对家庭关系和社会关系的建构。儒家经典《论语·颜渊》提到“君君，臣臣，父父，子子”[29]，虽文浅而意深。“父父，子子”的人伦内网关系是建立“君君，臣臣”的社会外网关系的基础。这样的君臣和父子的关系，建立起来的就是外部的社会关系伦理，和家庭内部的纲常伦理关系。此处的家庭关系的纲常伦理和外部社会关系伦理实际是一种“家国同构”的关系。

在“父父,子子”这样的以父亲为核心的宗法家长制之下,父亲是整个家庭的核心,父亲本身就代表着“法”,即秩序和等级制度。而父权制的核心就是伦理化和秩序化。儒家的“三纲五常”中讲究“父为子纲”,纲即一种约束和规范。此处的纲常可以理解为“伦理”,也就是克里斯台娃的理论中“子宫间”之外,象征界的规约特征所代表的“法”。且不论父亲所代表的这种“法”在中国奴隶社会和封建社会中维护等级社会的功用,父亲之“法”本身就是将一种家庭关系的无序状态转向有序。父亲要有作为父亲的样子,尽父道;儿子要有作为儿子的样子,尽子道。父与子各司其职,并不平等,二者的界限不可逾越。维持父子关系的伦理纲常,需要保证父亲在家庭关系中的绝对权威。在肯定父亲所代表的阳刚之气这点上,儒家思想中对父子关系有序状态的阐释,对父亲代表的阳与刚的肯定,与道家思想中贵柔尚阴的传统是直接相对的。道家与儒家的对立正是用一种母性社会的母性崇拜的原始立场来对应父权社会的家庭伦理秩序。

从人伦关系上升到君臣之道,儒家讲究“君君,臣臣”,君主要有作为君主的样子,尽君道;臣子要有作为臣子的样子,尽臣道。君臣的关系跨越父子的家庭关系,上升到了国家管理的层面,但二者归根结底,都是注重等级秩序的世俗理论。

克里斯台娃提出的“子宫间”概念,将关注的中心放在父亲登上舞台之前母子共存的女性空间状态。“母亲的身体终止了组成社会关系的象征态的‘法’,成为‘子宫间’的序列规则,而‘子宫间’一直是处于被破坏、被侵犯和死亡欲动的侵袭之下。”[30]在“子宫间”状态下保持一种母子的共生关系,这一时期父亲尚未介入,处于完全隐身状态。对“子宫间”状态的推崇,正是反抗和抵制父亲为代表的象征态的“法”的姿态。拒绝父亲的介入，试图一直保持母亲和婴儿处于舞台中央位置的状态，反抗的既是一种父亲登上舞台之后“俄狄浦斯”阶段的父亲绝对权威的秩序，又是一种历史、社会以及意识形态的社会结构和关系的秩序。而体现在儒家思想中，正是其所提倡的“君君、臣臣、父父、子子”这样一种绝对有序的等级秩序。抛开“子宫间内部的序列状态(ordering)”，用一种相对无序对抗绝对有序的状态反观道家思想，“子宫间”(chora)特有的气质与道家讲究贵柔尚阴、反抗儒家的“以父之名”的阳刚之气的传统是紧密契合的。

克里斯台娃的“子宫间”概念是在吸收拉康的精神分析学理论基础之上一次先锋性的尝试。这样的一个概念的先锋性正在于将一个无形的、无身份的女性空间形态化，将俄狄浦斯阶段和前俄狄浦斯阶段这样的、以时间为轴的婴儿的成长变化更加细化。把女性空间的重要性凸显出来，这是一种空间架构下的婴儿的语言模式和行为模式的分层。

“西克苏多次提醒读者，作者的性别与他们的作品是否属于‘阴性书写’并没有必然的联系……西克苏还相当推崇让·热奈和乔伊斯等男性作家，认为他们的写作具有‘阴性书写’的特征。”[31] 回归到李贺的诗歌《李凭箜篌引》中，文本的阴性气质是由多类阴性意象的叠加和极富女性特征的动词综合表现出来的，体现的是诗歌文本隐含作者的价值观，与李贺的生理性别无关。“阴性书写”所表现出来的非女性专有的特质，使得男性写作与女性真实的身体体验存在潜在对话的可能性，从而转换了男女二元对立、男性作为规范和霸权的单一的价值观，使女性作为“他者”的边缘形象得以重新塑造。“阴性书写”一方面激发了女性参与文学创作的热情；另一方面，对男性写作的阴性气质的关注使得文学研究凸显出更大的张力。本文试图寻找的，是诗歌文本所表现出来的阴性气质与“子宫间”概念的特有气质的契合点，不仅是对女性的生命意识和独特的生命存在的关注，而且将为打开女性的话语权力开创另一片空间。

---

① 永瑢等:《四库全书简明目录》,599 页,上海:上海古籍出版社,1985。

②③④⑨ 王红等编:《中国文学》,247、247、248、248 页,成都:四川人民出版社,2006。

⑤⑥⑦⑧⑰⑱⑲⑳㉑㉒ 王弼注《老子道德经注校释》,89、159、16、62—63、73、145、89、62—63、16、1—2 页,北京:中华书局,2008。

⑩㉓㉔ 许慎:《说文解字校订本》,225、363、361 页,南京:凤凰出版集团,2004。

⑪⑬㉚ Julia Kristewa, *Revolution in poetic language*, trans. by Margaret Waller, New York: Columbia University Press, 1974, p. 25, p. 26, pp. 27－28.

⑫ J. Lacan, *The Four Fundamental concepts of Psychoanalysis*, trans. by Alan Sheridan, London, 1977, p177.

⑭ 胡经之编:《西方文艺理论名著教程》,151 页,北京:北京大学出版社,2003。

⑮ 钱钟书:《谈艺录增订本》,46 页,北京:中华书局,1999。

⑯㉛ 王迪:《女性话语的突围之路——论埃莱娜·西克苏“阴性书写”进行时》,56、58 页,《外语与外语教学》2010(1)。

㉕㉖㉗㉙ 朱熹《四书章句集注》,3、4、9、137 页,北京:中华书局,1983。

㉘ 陈炎:《多维视野中的儒家文化》,50 页,北京:中国人民出版社,1997。

张　颖　四川大学文学与新闻学院符号学—传媒学研究中心　邮编:610064

如何走出自我还原?

——《红楼梦》叙述中的符号自我

◎文一茗

一、《红楼梦》叙述中的自我还原

《红楼梦》中有许多人物话语、叙述干预等,普遍被人作为解释曹雪芹本人意图、美学观的源头或根据。这种把叙述干预等同于作者的做法,实际很冒失。有不少诸如"书中贾宝玉这个角色是曹雪芹的代言人"之类的评论。也有人言曹雪芹能站到书中每个角色的立场来说话,让读者不知是哪个人物的立场代表了该书的价值取向。红学界普遍认为,前八十回的优点在于作者让人物自己说话(即承认叙述主体的分化),而后四十回却是作者通过人物进行说教(即人物只是作者的简单变形面具而已)。那么,整部《红楼梦》背后那个能代表整体价值取向的叙述声音在哪儿?这就涉及全书的价值取向问题。从文本所呈现的整体价值取向这个角度来回溯红学,可以辨出三大价值取向:主"悟"派(包括宗佛尊道派)、持对立立场的主"情"派(包括主张入世论的尊儒说)、兼收并蓄的"情悟双行"

派。其中,主情之说的根据多来自对小说中关于人物叙述的分析(如贾宝玉的内心话语,薛宝钗的外在言行,故事中人物对妙玉的评价,林黛玉的诗词,王熙凤的自持自为等等);谈悟之言的根据则多来自小说中的叙述声音与干预(如跨层所体现出的高层叙述意旨、主层叙述的不可靠性及刻意为之的当下进行时假象,大量的"跳角"、"抢话"现象以及"玉"的符号内涵等等);而情悟双行论则避开上述两种观点的不足,注意到了《红楼梦》中不同主体互相争夺更大话语权的事实。因此,如果说《红楼梦》中的人物是沉浮于红尘之中,因而主情,叙述者石头跳出了这个圈,因而主悟,并以质疑的口吻追忆这段红尘故事,那么,整部小说的隐指作者则退隐到了情悟之争的背后。

如果用"自我"这个关键词来回溯红学,那么,可以发现其中的主悟派认为《红楼梦》所关涉的,是比个体更高层面的社会性或者让个体得到升华的宗教指归;主欲或主情派则相反,坚持《红楼梦》对个体本真性情价值的肯定与颂扬;情悟双行派要么对前两者采取兼收并蓄的态度,并深味其中的复杂与矛盾性,要么简单地折中或者叠加。

1. 向上还原的主"悟"派

在《红楼梦评论》中,王国维的核心观点有三:一是生活的种种痛苦源于人的欲望;二是种种欲望乃人自身的产物;三要得到真正的解脱,彻底地摆脱痛苦,就要灭绝生活之欲。从以上三点出发,王国维剖析了《红楼梦》中贾宝玉的苦痛在于"情",因此,只有彻底地摆脱了钗、黛之缠陷,方可彻底地得到解脱。王国维明确地为世人拉响了一声抵制人欲性情的警钟。认同此种观点的人,是由于只看到了超层叙述主体的意旨。

与王国维持同样的"警世"之言的,在他之前,就有梦痴学人:《红楼梦》,河豚也。"食色"二字可畏也。[①]带着求悟的主旨,梦痴学人从食色的不同角度来理解《红楼梦》的“一书五名”现象：

《红楼梦》一名《石头记》，一名《风月宝鉴》，一名《十二金钗》，一名《情僧录》，一书五名。即此五名，已将全书大旨合盘托出。奈世俗不察何！《风月宝鉴》者，先天下大圆团也。《十二金钗》者，一破为二也。《红楼梦》者，小人剥庐也。《石头记》者，硕果不食也。《情僧录》者，性命必须双修也。[②]

讷山人在《〈增补红楼梦〉序》中持类似的看法，认为《红楼梦》是一部作戒之书，可惜世人悟性不够，妄自称其为“情书”：

其书则反复并导，曲尽形容，为子弟辈作戒，诚忠厚悱恻，有关于世道人心者也。顾其旨深而词微，具中下之资者，鲜能望见涯岸，不免坠入云雾中，久而久之，直曰情书而已。[③]

明斋主人《石头记总评》有曰：

或指此书为导淫之书，吾以为戒淫之书。盖食色天性，谁则无情？见夫钗、黛诸人，西眉南脸，连袂花前月底，始是莺俦燕侣，彼村妇巷女之憨情妖态，直可粪土视之，庶几忏悔了窃玉偷香胆。[④]

太平闲人在其《红楼梦评》中运用儒家经典来通化隐喻地解读《红楼梦》：

是书无非隐演“四书”“五经”，以宝玉演“明德”，以黛玉演物染，一红一黑，分合一心，天人性道，无不包举，是演“四书”。政、王乃所自出，政字演《书》，王字演《易》。合政、王字演《国风》。若贾赦之赦,刑氏之刑,则演《春秋》之斧钺也。至“毋不敬”三字,冠首《曲礼》。礼主春生,故东府之主曰敬,乃大有期望之意。乃其背敬判礼,为造衅开端之罪首,遂至所出为珍,伦理澌灭矣。珍之转音通蒸,即禽兽行上下乱之名,不必指定以下蒸上。总一乱《春秋》之大谬而已。比如此看法,是书本意,自然洞彻。[5]

孙桐生在《妙复轩评石头记叙》中强调的所悟之道与太平闲人如出一辙,都否定该书有任何可能的“谈情”之旨:

含玉而生,实演明德;黛为物欲,实演自新。本谈情之旨,以尽复兴之功。[6]

话石主人则进一步升华到宗教(道佛)的高度来总结《红楼梦》中的“悟”:

化灰不是痴语,是道家玄机;还泪不是奇文,是佛门因果。[7]

当代学者叶朗在其《红楼梦的意韵》一文中则从老庄所理解的“命运”观出发,点化《红楼梦》中所悟之道。他认为,命运就是个体所无法支配的:

《红楼梦》的人生感悟表现为互相联系的两个方面,一个是对人生的(生命)的终极意义的追问,一个是对命运的体验和感叹。人的个体生命体验是有限的,而宇宙是无限的。那么,人这种有限的生命存在的意义何在呢?这是自古以来哲学家们思考的问题。孔子就感叹说:“逝者如斯夫,不舍昼夜!”《庄子》也感叹说:“人生天地之间,若白驹之过隙,忽然而已。”(《知北游》)与此相联系的,是人的命运。所谓“命运”,就是作为个体的人所无法支配的。[8]

从高于个体的社会层面来审视《红楼梦》悲剧的,其中最深刻的是鲁迅。宝玉终于“得悟出家”在鲁迅看来具有讽刺意味。鲁迅认为宝玉的出家未免小气,特别是离弃尘世之际,仍不忘披一猩猩毡斗篷,实可谓一个豪华版的出家记,不免世俗气太重。鲁迅在其《论睁了眼看》中指出,《红楼梦》中的小悲剧,是社会上常有的事,说明悲剧产生的根源在于当时的社会,并不是由主人公的个人意志所决定的。贾宝玉出家,鲁迅认为是小气,但鲁迅同时也指出,这是由于其所处时代的局限性,“这在作《红楼梦》的时代,大约也只能如此;即使出于续书,想来未必与作者本意大相悬殊”[9]。

总之,认为《红楼梦》是一部绝欲求悟之书的观点,将自我向上还原为社会、文化、语言及互动的层面,分别从正反两面(即直接否定人之食色欲望,或间接地从宗教旨意来否定人欲在天命前的正当性,或以儒家纲常所崇尚的集体利益来压抑个体欲望,以王道来反衬个体之渺小),来达到警醒世人的目的。清代点评中,持“悟”/“空”说的,还有江顺怡。但是在他的言论中,我们可以感受到面对“悟道”时,所伴随的一种笑中带泪、无可奈何之感:

《红楼梦》,小说也,正人君子所弗屑道。或以为好色不淫,得《国风》之旨,言情者宗之。明镜主人曰:《红楼梦》,悟书也。其所遇之人皆阅历之人,其所叙之事皆阅历之事,其所写之情与景皆阅历之情与景,正如白发宫人涕泣而谈天宝,不知者徒艳其纷华靡丽,有心人视之皆缕缕血痕也。人生数十寒暑,虽圣哲上智不以升沉得失荣诸怀抱,而盛衰之境,离合之悰,亦所时有,岂能心如木石,漠然无所动哉?缠绵悱恻于始,涕泣悲歌于后,至无可奈何之时,安得不悟?谓之梦,即一切有为法作如是观也。非悟而能解脱如是乎?[10]

同样的诫淫导悟,但江顺怡的语气似乎软了些许。"诫"的同时也不禁感慨其"不舍",以至于要到"无可奈何之时,安得不悟",承认求悟之难,因为"岂能心如木石,漠然无所动哉"。

2. 向下还原的主"欲"派

当我们把目光集中到故事中个体人物本身即人的自主与挣扎时,主"悟"的观点却似乎难以招架。

早在清代,涂瀛在《红楼梦论赞》中明确指出《红楼梦》的主旨是谈情:风花雪月之情为真;经济文章为假。[11]

吴颖在《红楼梦人物新析》一书中从"人性解放"的角度来研究《红楼梦》,认为人性解放和人道主义精神就是《红楼梦》的整个形象体系所蕴含的具有核心性的主题思想。[12]

李劼在其《历史文化的全息图像论红楼梦》一书中,将贾宝玉比喻为一头贵族精神的豹子[13],并极力肯定林黛玉、王熙凤、尤三姐、贾探春等个性鲜明、敢爱敢恨的女性,从而奠定了全书肯定本真性情、崇尚个体价值的基调。

人是一种复杂多纬的主体,因此,除了"情"之欲,人欲还包括其他更广范围的表现。吕启祥则以王熙凤、林黛玉的"表现欲",来肯定人欲的正当性:

> 和王熙凤强烈的表现欲望相似的,还有林黛玉:尽管一个是当家理事之才,一个是诗书翰墨之才,但表现和发挥自己才能的愿望是共通的。而这种愿望,不能不认为是合理的个性要求之一种。"人欲"包举一切人间欲望,既包括饮食男女、物质财富、精神需求,也包括展露才能的表现欲……[14]

刘梦溪在《曹雪芹和他的文学世界》中认为《红楼梦》所体现的是情孽论、宿命论与历史循环论色彩的发愤之作。他从宏观创作角度指出作者在展开叙述的过程中，使小说整体价值在不自觉中发生了转移，并认为，这是《红楼梦》思想主题及其叙述形式的复杂根由。其实，在刘梦溪早期的红学研究中，就透露出他对红学中主悟派的质疑。比如，他在《红楼梦新论》中认为《红楼梦》的作者是“微笑着然而也是十分痛苦地肯定甄士隐的行动”[15]。刘梦溪认为：把《红楼梦》还原为一部反封建主义或反佛道思想的道德说教之书，这种做法未免过时，把《红楼梦》简化了，但可以肯定的是，《红楼梦》并非坚定地站在“悟”的立场上作成的，如果真是“悟”了，也并不是确切地“悟”到了哪一种思想或境界。

事实上，《红楼梦》不知不觉地将对生活的拒绝变成了对生活的执著，随着叙述层次的逐渐分化，隐指作者的意图在不知不觉中走向一种不确定性。原本教义式的耳提面命发生了转移，将受述者的注意力转移到极具感性描写的生活描写、情感描写。

集主欲说之大成的，是余国藩，在其《红楼梦、西游记与其他》中，他明确指出《红楼梦》不仅是关乎情欲正当与否的探索，更能启发我们如何看待这一问题。余国藩认为：整部《红楼梦》把人性与天职之间的矛盾述说殆尽。比如“情僧”这个名称就隐含着一种矛盾的困境。“业力推演”确实“肇乎情”，不过《红楼梦》告诉我们有感于情且易为情所困者，不唯人类而已。小说开篇神话一方面警告人们接下来的故事是训诲警世之作，是情海翻腾后的必然悲剧；另一方面，又告诉人们“盖无情之物于兹已化为罕见情种，会因感时感事而溅泪”。《红楼梦》中所谓的仙道者，或会再三以“痴情”为世人戒，然而同一小说却又指出：草木并非“无情”，对前世作为皆有所感悟。在佛教的教义里，“无情”而会以“有情”之身示现。从佛教的角度来看，“有情”的“情”和“感情”的“情”一样，曹雪芹可能也从此深入“有情”,把这个佛教语汇解释得细微又细致。如果木石也能有“感”,有“情”,则“有情”开悟的机率又有多高?由是观之,那么宝玉在第七十七回有感于海棠垂死所说的话,无异于是在讽刺《红楼梦》的故事,也足以为全书作注。

尽管《红楼梦》是一个设局庞大的道德譬喻,着重处乃佛教徒的沉浮与最后得悟的过程。诚如贾宝玉最后得悟时所思尽为绝尘脱苦之道,但是“痴迷”正是书中人物的际遇令人“痴迷”的缘故:不仅仅是宝黛二人恋情的执著,宝钗、贾母等对“人伦”、“家族”的执著,也令人为之动容叹惋。因为后者所遵从的儒家教义,也是“情”的一种体现。比如贾母打破林黛玉的希望,拆散这对鸳鸯,不是不知道林黛玉对宝玉的情有多么深厚沉重。然而贾母用以破坏两人感情的理由竟然也是出于对孙辈的情与爱。由情而生的如此悲剧,才是真正让人垂下千古之泪的根由。

事实上,对《红楼梦》的“悟空”思想的质疑是有根据的。“一切有为法,如梦幻泡影,如露亦如电,应作如是观”才是佛教的核心观点。世间一切的物质和现象都是空幻不实的,如梦幻泡影,实相者则是非相。一切凡是人力为之、带有主体意志的行为,都是枉然,都应该否定。可见,《红楼梦》并不言“空”,因为,叙述行为本身就是对“空”的一种否定。曾有人言:《红楼梦》的思想,是在求解脱,对于生存意志,要加以永远的消除。[16]整部《红楼梦》却恰恰以其历久弥新的叙述魅力,展示着叙述作为一种存在的方式所体现出来的意志。

然而,个体性情彻底的解放之说又真的能代替主悟论成为《红楼梦》主题研究的定论吗?

单世联在其《人与梦——红楼梦的现代阐释》中,引用叔本华的理论分析林黛玉的悲剧在于爱情,使她过度蜷缩于自我的狭小空间,反而使她失去了争取生活中的位置和生存空间的主体意向,在爱情中获得相当的抗压力而安然于孤独自处。同时他运用荣格的理论证明，林黛玉的爱情更多的是自我防护而非自我实现，从这个角度而论，黛玉充满灵性的爱又是病态的、不健全的，她在爱情中仍然是孤独的。[17]单世联认为林黛玉的悲剧在于过度关注自我(个体)，从而认为《红楼梦》的主题是反对个体性情的完全自由释放。

3. 情悟双行格局

张天翼从宏观结构来审视《红楼梦》价值，在《论贾宝玉的出家》一文中，他认为如果说作者在创作之前，有劝世、宣传色空思想的意图，那么我们可以看到作者的这个意图悄悄地转移了；也就是说，一方面，叙述者写了许多"梦"、"幻"之类的字样，似乎这样就可以使我们悟一切皆空；但是另一方面，叙述者马上掉转笔头，去粘住那些尘世生活，在那里沉沉浮浮，简直舍不得跳出来。他不但把它表现得非常生动，而且那么亲切、温暖，把那个尘外的一头一尾弄得失了色，甚至于一点力量都显不出来了。[18]

张天翼认为，《红楼梦》主题具有双重性质甚至多重性。一方面，作者认为一切皆空，劝导人们不要痴迷于尘世，有出世倾向；另一方面，作者也极为热情地对人世纷繁作出深切的描述，展示了耐人寻味的人情世态，潜藏着入世情怀。作者主观意图与客观审美效果出现错位，读者更愿意相信现实人生更有吸引力、更倾向于入世。这样一来，贾宝玉出家的人生意义也就成了难以定性的悬疑。[19]

张锦池认为《红楼梦》里写了三个世界：一是贾府围墙外的世界，这是个如同《水浒传》中横行霸道的世界。二是贾府围墙里面的世界，这是作者以现实社会中鲜有的地主阶级中的积善之家为原型并益之以孔孟的王道理想而构建的世界，是个王道荡荡的世界，其主子是世上少有的大善人，其奴隶是人间少有的幸运儿。那大观园是贾府围墙内的世外桃源，人们想象中的王道乐土的投影。三是虚无飘渺的太虚幻境，是作者的"游仙诗"和理想世界，它以"四海之内，皆姊妹也"为其特征，是个自由、平等、和谐的美妙社会。那贾府围墙内的大观园,便是它在人间的某种投影。正因为大观园交织着这两种投影,所以它也就成为贾宝玉的“意淫”观念和孔孟的“仁政”思想之不见刀光剑影、不闻战马悲鸣的无声战场。其结果是,“曲终人不见,江上数峰青”。[20]

孙逊在其《红楼梦脂评初探》中以脂评为依据来解读《红楼梦》的多元性,认为《红楼梦》在批判儒教的同时,也对佛、道二教进行了深刻的批判。这一点,脂评同样作了大量的披露和说明。孙逊认为,大量的脂评评语无可辩驳地证明了:《红楼梦》既不是阐发“夫子之道”的“断烂朝报”,也不是站在佛道立场上反对儒学的宣扬宗教旨趣的专书,而是对儒佛道都有深刻批判的文学巨著,这是《红楼梦》的主要思想倾向,但脂评与《红楼梦》有着同样的矛盾。

刘小枫在其《拯救与逍遥》中从对儒释道的关怀深刻剖析《红楼梦》中贾宝玉的探索形象。他认为,一方面,当儒家的价值信仰面临危机的时候,中国诗人往往走进庄禅的“适兴逍遥”的世界,因为庄禅的“适兴逍遥”毕竟为人退出入世的儒家式的无聊纠缠提供了一种境界;而另一方面,不少诗人又不能安身于一个无情清虚的逍遥世界,因为这样的世界会把人变成无知、无识、无爱、无憎的石头,对一切都漠不关心。事实上,《拯救与逍遥》已涉及人性的自成悖论。一方面,人有适性逍遥的需求,自由自在,无拘无束;另一方面,人有情感需求,爱与被爱,合群,融入社会。这两方面互相否定,却都是人性的内涵。[21]

龚鹏程将《红楼梦》中情悟双行的格局总结为:

> 《红楼梦》诠释路向中的两大路线之争,即肇于此:利用佛教道义和儒家学说中合而不尽之处,开创“情与悟”双行的格局,以情悟道,而不舍情。[22]

龚鹏程认为我们可以将《红楼梦》理解为一部"徘徊其间"的态度的小说,言说一种出入三家而难以取舍的事实。《红楼梦》的开篇告诉我们,石头的诞生本是一个被抛弃的事件。石头被抛的不确定化(无用)与"情根"的确定文化指向,从始源处预示了石头的入世经历,是将人类生命存在的本真情意不断生成化、不断丰富化的经历。

二、《红楼梦》中的价值取向

综上所述,以《红楼梦》的主体价值取向来追溯红学,并将之划分为主"悟"说、主"欲"说以及情悟双行格局说。如果从自我的自反性(即自我如何通过他者来反观自身)这一理论视角来看,其实这三派观点反映的立场体现出看待自我与他者关系的三种不同的看法:

持主悟之说的实际上是向上还原的做法,将自我拔高到远远高于自我的程度,从而达到脱离自我、否定他者的本体层面。这样做的结果是泯灭了自我。这种"向上提"的具体形式在《红楼梦》中表现为:

1.皈依"自己的"宗教,如惜春、甄士隐、贾敬,甚至出家的贾宝玉、参禅的贾宝玉。只不过,他们的差异在于各自选择的信仰不尽相同。

2.笃信高于自我的价值实体,比如家族利益。这种向上还原的代表是薛宝钗、贾政、贾母、迎春,还有奉命圆房、遗子、中举的贾宝玉。他们都是用社会一致性来压迫甚至泯灭个体的本真性情和独特性。

尽管这两种向上还原的形式表面看来区别很大,似乎前者代表的是"悟空"之说,后者代表的是"入世"之流;但两者在一点上是如出一辙,那就是压迫自我个体的同时,也扭曲了他者。皈依宗教的,是让自我的个体性与他者的主体性彻底地匍匐于各自“信仰”所代表的高层(天命)的主体意志的阴影之下。而用社会价值来取代个体性的,则是无限扩大“他者”(如宝钗处理人际关系时表现出来的克己、贾政跪拜元春时的一席既是效忠朝廷也是抚慰女儿的肺腑之言、迎春为了家族之间的关系而宁愿牺牲在一桩豪门联姻中)来压迫自我,而这种将他者无限扩大,并放在与自我本性敌对位置的结果便是,将社会/家族内化为自己心中的终极他者。

反过来,主张“情欲”正当性的观点则代表了向下还原的思维,即将自我压缩、退回到远远低于自我的地步,从而也同样否定自我与他者之内在关联的本能层面,而这样的结果也是使自我遭遇毁灭性悲剧。这种“向下压”的具体形式在《红楼梦》里表现为:

1. 自恋式的本真性情。如渴求得天下女儿之眼泪的贾宝玉、将爱情视为生命全部的林黛玉、执著于知己而目空一切的妙玉。表面看来,贾宝玉是多情,林黛玉是痴情,妙玉是专情。其实三人的病症都是过度用情于己,用自我覆盖了他人的主体价值,试问:贾宝玉见了姐姐就忘了妹妹,而同时想得天下众女儿之爱,难道不是对众女儿价值的贬低吗?林黛玉将生命全部系于贾宝玉一人,难道不是对林黛玉自己以及他人生命的贬值吗?妙玉对贾宝玉一人才“未必空”,难道不是对(除贾宝玉以外)所有他者的全盘否定吗?

三玉为我们提出的问题是:作为注定纠缠于自我与他者之互动关系的主体,人难道是依靠着与另一个个体的恒定不变的情,而找到存在的理由吗?如果宝、黛、妙三玉认为是,那么,探春对家族命运的深切忧虑,贾母对儿孙辈的真切关爱(哪怕只是片段式的爱和非知己之情的爱),王熙凤对刘姥姥的不忍之心以及后来刘姥姥对凤姐的悲剧结局所感到的怜悯与尽力相帮,平儿先后为尤二姐和凤姐的真诚落泪,薛宝钗对母亲、贾母的体恤,紫鹃对黛玉的开导与着想,这些真情的片段,不能参与构成存在价值吗?

2. 满足自我本能的欲望。如王熙凤的管理表现欲、林黛玉的作诗表现欲、秦可卿的肉体纵欲，以及贾宝玉面对宝钗的“一段酥臂”、黛玉的“香腮带赤”、袭人的“娇俏柔媚”、鸳鸯的白嫩脖颈、金钏嘴上的胭脂时的心神荡漾。

王熙凤和林黛玉的表现欲体现了二者将“他者”理解为被动接受自我信息的心态，将自我定位于一个与他者并不平衡的天平之上；固然，王熙凤和林黛玉分别在管理与诗才方面确实明显胜出“他者”一筹，但是这并不意味着他人永远只能扮演为自己喝彩、而丧失与自我构成竞争的角色。难能可贵的是，当探春代理管家时，王熙凤意识到了应该收敛自己的表现欲，好让探春“表现”一下。相比之下，林黛玉似乎永远走不出那个由他人唯自己是尊的诗社。

秦可卿的纵欲与贾宝玉的“意淫”情节，是分别从肉体和审美层面上满足自我的快感。可以将贾宝玉的意淫理解为“忘我”、“无我”的境界，因为此时的宝玉心中的确充满了“他者”，但是进一步细究，会发现这种“无我”恰恰是建立在最最“为我”的基础之上——贾宝玉的这种光凭自我就可以把玩他者的能力，等同于把他者降为简单的客体层面。

所以，我们最后不得不承认，贾宝玉截然不同的自我层面，只能呈现给读者一个“上下而求索”的分裂形象。那么，《红楼梦》到底是肯定“情”，还是否定“情”？或者说，只是呈现这个问题本身，引发读者思考如何看待这个问题。

结 语

自我应该被拔高到与社会一致性相符合的层面（像薛宝钗、贾母、贾政那样），还是允许退回到纯粹的个体独特性层面（像林黛玉、妙玉、秦可卿那样)?

进一步,又应该如何来审视贾宝玉——在以上两种人之间打圈徘徊、举棋不定的苦恼探索者,以及这个人物背后那个苦恼的叙述者?通过"满纸荒唐言",叙述者所呈现的,是一部有着明确价值指向、提供了明确答案的小说,还是一部容纳多元价值冲突、书写矛盾的自我斗争式小说?

全书结尾处,叙述者让宝玉选择的是儒、释、道中的哪一条出路?或者让他放弃了选择本身——而这样的结局是一种选择的自觉还是无奈的逃避?

最后,始终贯穿这些问题的是:这些答案如何隐藏于其复杂多元、令人叹为观止的叙述技巧形式之中。

我们应该以何种态度来对待红学历史上主悟派与主情派的观点呢?要么加以质疑,要么加以批判,要么以理解包容,要么以调和的态度来重新审视并处理求悟与重情这两派之间的矛盾。我们又应该如何为贾宝玉这个核心人物定位呢?是将其拔高到获得彻底解脱的、皈依某种坚定信仰的、值得我们为之喝彩的、了不起的形象,还是将其还原为一个封建社会里不自觉地依附着肮脏人性社会的寄生虫,或是将其简化为完全由力比多本能驱使的渺小个体?

不少学者将贾宝玉解读为一个"不上不下"之人,并认为《红楼梦》之愤乃一反忠孝节义之仁人志士之愤,写的是一个不善不恶、不僧不俗、不乖不怪、不真不假的至真至常之人,不能遂其天性天情之愤。对宝玉的这种"综合"评价中,又透露出不同的情感认同。

既然自我是一个充满弹性的符号化过程,那么,自我就既不能被拔高到社会组织、文化、互动的本体论层面,也不能被压缩为物理化学的生理层面。前者所持的是向上还原主义的立场,其结果是导向用社会一致性(比如中国传统社会中强调的家族、阶层利益)来取代、抹杀个体的独特性;后者则代表与之相反的向下还原主义立场,用生理差异（比如林黛玉的病弱）和生理本能（如佛洛伊德的爱欲本能）来捕捉自我，为人种差异优劣论大开方便之门，用一种绝对孤立的视角来审视个体，将自我缩减为一座孤岛。

用向上或向下两种方式来还原自我，都注定会抓不住自我作为一个主体的符号特征，因为它们都不能抓住人的本质。依照这两种思维，得出的都是扭曲的人性。符号自我是具有高度自反性、内心一致性、对话性与社会性的概念。

这两种还原共享的地方是自我类型的一副被削减的形象。向下还原忽略了笛卡儿的灵魂并集中于身体。向上还原忽略了笛卡儿的身体，并集中于灵魂。[23]

如果说主情派是向下还原、主悟派是向上还原的话，贾宝玉的苦恼则类似于笛卡儿，即因身体与灵魂生活在各自互不干涉的世界而备感苦恼。贾宝玉的自我处于一个高度弹性的阐释过程之中。

我们可以认为《红楼梦》传达了一种“徘徊其间”的态度，这部小说本身是一种出入三家而难以取舍的言说。

而这也正是笔者从诸种叙述形式来透析思想内涵的原因——在《红楼梦》中，叙述分层中的“知”与“不知”，叙述视角中的“看”与“被看”，叙述时间所体现的“自主”与“宿命”，叙述话语背后不同主体之间的“抢话”，以及石头的不可靠自述中所流露的“二我差”——所有这些煞费苦心的形式技巧，其实所传达的正是不同叙述声音的彼此冲突与碰撞、不同价值的彼此怀疑甚至否定，这使《红楼梦》叙述成为书写矛盾困惑，承认流连忘返、游移不定，呈现不同价值取向的小说，而非为存在提供一把万能钥匙的百科全书。这就是为何会形成情悟之争、情悟双行之辩等主张。其实这皆因“如实”地看到了《红楼梦》中的“某一种”价值指向，也是为何我们总是完全能以此家之说攻彼家之言，反之亦然的原因。如果全方位地审视《红楼梦》叙述形式中的主体意识，就会惊愕地发现：这竟是一本自我斗争式的小说。每个"后来人"都可以从中"为我"地选取某一种价值来坚定自己已有的"信仰"。其中的"空—色—空"循环模式所诉说的,是一种纠缠与徘徊——这恰似贾宝玉这个形象的最大特征:思而不行。因为他就是一个徘徊游移的元形象。由此,我们再回头品味那些工于匠心的叙述形式,就会理解为什么自古会有如此的惊叹:

> 《红楼梦》一书,有正笔,有反笔,有视笔,有借笔,有明笔,有暗笔,有先伏笔,有照应笔,有着色笔,有淡描笔,各样笔法,无所不备。[24]

正如脂砚斋(甲戌眉本)叹《红楼梦》繁复的叙述艺术为"草蛇灰线,空谷传声,一击两鸣,明修栈道,暗渡陈仓,云龙雾雨,两山对峙,烘云托月,背面传(傅)粉,千皴万染诸奇"。而先人的理解启发了后人对《红楼梦》"有间架,有曲折,有顺逆,有映带,有隐有现,有正有闰"[25]的叙述形式作更深层次的形而上的思考。《红楼梦》正是用这种自我冲突式的叙述形式,追寻了生命本质的形形色色的精神存在。整部小说正是对自我存在的充满矛盾的精神追问。

总而言之,《红楼梦》不是为人提供一把解脱人生问题的万能钥匙,而是呈现一个容纳多元价值碰撞的世界。人们也许从来不会因为读了哪一本小说而解决了实际的人生难题,却总会因为在与自己产生共鸣的小说中与叙述者共同分享了某种痛苦,从而使自己的痛苦得以抚慰与消解。

坚定的二元论者都失之偏颇;而走出二元论的局限、深味人间的复杂者,却只能如贾宝玉那般自伤——这,也许是我们依然迷恋这部书的原因。

①② 梦痴学人:《梦痴说梦》,一粟汇编:《红楼梦资料集编》,220、226—227页,北京:中华书局,1964。
③ 讷山人:《〈增补红楼梦〉序》,一粟汇编:《红楼梦资料集编》,53页,北京:中华书局,1964。
④ 明斋主人:《石头记总评》,一粟汇编:《红楼梦资料集编》,117页,北京:中华书局,1964。
⑤ 太平闲人:《红楼梦评》,一粟编:《红楼梦资料集编》,154页,北京:中华书局,1964。
⑥ 孙桐生:《妙复轩评石头记叙》,一粟编:《红楼梦资料集编》,40页,北京:中华书局,1964。
⑦ 话石主人:《红楼梦精义》,一粟编:《红楼梦资料集编》,175页,北京:中华书局,1964。
⑧ 叶朗:《红楼梦的意蕴》,《红楼梦十五讲》,120页,北京:北京大学出版社,2007。
⑨⑫⑰⑱⑲ 郭皓政主编:《红学档案》,109—110、324、384、123、148—149页,武汉:武汉大学出版社,2007。
⑩ 江顺怡:《读红楼梦杂记》,一粟编:《红楼梦资料集编》,205页,北京:中华书局,1964。
⑪ 涂瀛:《红楼梦论赞》,一粟编:《红楼梦资料集编》,126页,北京:中华书局,1964。
⑬ 李劼:《历史文化的全息图像论红楼梦》,第五章,西宁:青海人民出版社,1993。
⑭ 吕启详:《王熙凤的魔力与魅力》,《红楼梦十五讲》,266页,北京:北京大学出版社,2007。
⑮ 刘梦溪:《红楼梦新论》,93页,北京:中国社会科学出版社,1982。
⑯ 陈铨:《叔本华与红楼梦》,刘继保、卜喜逢辑:《红楼梦名家汇评本》,438页,北京:北京图书馆出版社,2008。
⑳ 张锦池:《贾宝玉的叛逆思想》,《红楼梦十五讲》,241页,北京:北京大学出版社,2007。
㉑ 陈维昭:《红学与二十世纪学术思想》,240页,北京:人民文学出版社,2000。

㉒ 龚鹏程:《红楼梦与儒释道三教关系》,《红楼梦十五讲》,151 页,北京:北京大学出版社,2007。

㉓ Norbert Wiley, *The Semiotic Self*, Chicago :Chicago University Press, pp. 127 —128.

㉔ 王希廉:《红楼梦总评》,一粟汇编:《红楼梦资料集编》,149 页,北京:中华书局,1964。

㉕ 郑红枫、郑庆山校辑:《红楼梦脂评辑校》,9 页,北京:北京图书馆出版社,2006。

文一茗　四川外语学院　英语学院　教师　邮编:400031

现代神话:金庸“反武侠”后“江湖”符号表意形式的新走向

◎ 孙金燕

20 世纪 70 年代初,金庸以《鹿鼎记》封笔后,香港武侠小说开始了百“家”争鸣。自 70 年代初开始,台湾的古龙有《流星·蝴蝶·剑》、《欢乐英雄》、《陆小凤》、《七种武器》和《天涯·明月·刀》等多部作品问世;70 年代中后期,温瑞安也开始了“四大名捕”系列创作;90 年代初,黄易在香港又掀起武侠玄幻写作;位移至 21 世纪的“大陆新武侠”,更涌现沧月、凤歌、小椴、步非烟、沈璎璎、方白羽等一批年轻的武侠小说写作者。然而,即使是 2004 年提出“21 世纪大陆新武侠”概念的韩云波,也依然承认“纵观金庸以下的武侠作家作品,很难说是奇峰迭起,柳暗花明,各领风骚,实际的情况是数量或许有所增长,而质量和社会的轰动效应却一蟹不如一蟹”[①]。

由此,重提武侠小说的“后金庸”问题,便非常必要。在 1997 年首届金庸学术研讨会上,即有学者提出“金庸后”武侠衰落与“金庸武侠模式”有关:“在金庸封笔后的二十多年时间里,武侠创作的整体态势由盛渐趋平淡乃至衰退,只产生了温瑞安、黄易等少数几位有影响的后进作家。个中原因,除了作家们的素质涵养和思想艺术境界普遍不高、远不如金庸外,金庸武侠模式中未曾解决的问题随着时代的发展和文学现代性步伐的加快,暴露得日益明显,恐怕更是一个重要原因。”[②]“金庸武侠模式中未曾解决的问题”固然不止一个,但万变难离武侠“神话”赖以存在的符号即“江湖”的表意形式问题。封笔前,在“江湖”与“江山”双重场景中,金庸收获了“江湖豪士尽归隐,不才小宝称至尊”的“鹿鼎记”式江湖。最终,这个“不才”与“至尊”难辨的“鹿鼎记”江湖,使“侠”的崇高感让位于怀疑论,“江湖”的符号意指趋于复杂化与多元化。自此,武侠也再难以在“鹿鼎记”的反武侠式“江湖”形式中维持其幻想“神话”。

也就是说,对于以“江湖”之幻想填补现实中不能满足的欲望而取胜的武侠小说而言,金庸而后,“江湖”符号的表意形式不可避免地要面临何去何从的问题:是重整“仙侠”神话,还是建构武侠的“现代神话”,便是其中需要考察的路向之一。

一、武侠小说“江湖”形式变革中的两个关键词:“神话”与“现代”

武侠小说“江湖”的形式演变,沿着一条连续否定的因果级差展开:从20世纪20年代以平江不肖生、还珠楼主武侠为代表的“剑仙”江湖,到20世纪三四十年代赵焕亭、顾明道、郑证因武侠一脉相承的“英雄”江湖,20世纪40年代宫白羽、王度庐武侠的“人”的江湖,20世纪六七十年代金庸、古龙打造的亦正亦邪式“侠客”江湖,四体江湖模式依次而下逐渐趋于圆熟。这一条无法用“肯定—否定—否定之否定”即“正—反—合”的黑格尔式逻辑解释的发展路径,恰恰在“全否定”式的格雷马斯符号方阵[③]中得到完美回应:

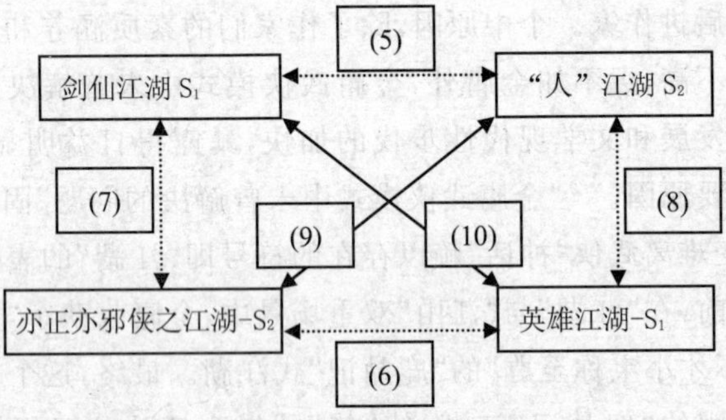

武侠小说"江湖"符号表意的四体演进图

武侠小说向来靠以"江湖"之幻想填补现实中不能满足的欲望而取胜。$-S_2$项在侠客"正或邪"的纠结中,否定了江湖的灵魂载体"侠"的生存根基——以"正义"为名,也就消解了侠客在S_2项"人"江湖中仅存的优势,进而从侠客的生存质量上消解了$-S_1$项英雄江湖中侠客永远"高人一等"的权威,从生存环境上消解了S_1项剑仙江湖中侠客"超凡入圣"式的任意而为,直至亦正亦邪式侠客的巅峰——韦小宝式"反侠"彻底颠覆武侠的"幻想神话",进入武侠表意的似是而非阶段,其"江湖"的表意形式也发展圆熟。那么,武侠文体演进的下一步,是循环否定$-S_2$项,回到S_1项的以奇幻仙侠为正格的"剑仙江湖"式"古典"神话,还是跳出这种循环,以新的"江湖"符号表意形式进入另一轮文体演进?

在《批评的剖析》第一篇,弗莱即自信地为文学的历史发展整理出一种模式:"顺着历史的顺序阅读作品,我们会发现可以把浪漫的、高模仿的和低模仿的模式看做一系列移位的神话,或者说是一系列情节套式(mythoi 或 plot-formulas)相继向与神话相对立的一极即真实转移,一直变为当代反讽样式,然后再开始往神话回流。"④此时,他坚信历史的循环观,认为文学作品的演进也有着类似有机体生长的规律与模式。而在最后的"探索性结论"中,他却又作出相应的退守:“这样的观点一旦被采用,可能被加酱添油,装饰成为玄学以哗众取宠……没有理由认为它得包括任何一种历史必然循环的理论,或者认为在可预见的将来必定是循环的理论。确实,不能把它歪曲为修辞价值判断的一种基础。”⑤

诚如其言,在神话原型的深度模式支配下,古典神话会转型到“现代神话”。现代文学在反讽之后重新创造“神话”,乔伊斯的《尤利西斯》、艾略特的《荒原》、庞德的《诗章》等都渗有神话因素,表现对工业文明之前历史的种种怀旧与追忆。但弗莱所称的“往神话回流”、“回向贵族情趣”,仍然只是一种宗教徒式的热望。在经历了科学理性的工业文明之后,现代文化语境中的“现代神话”,必定暗藏神话思维诗性特质对科学理性的消解意志。并且,也正是这两者之间的对抗张力,才使现代神话的文化特质凸显。所以,苏联学者梅列金斯基认为,文学领域的“新神话主义”体现出“未被纯科学的、纯理性主义的认识所‘遮翳’的诗性精神,时常会在作品的意象营造、结构安排方面体现出某种神话因素……尽管如此,由于作家受到现代科学理性的影响,所以在‘新神话主义’文学中,叙述者主体强度最高的主叙述层往往以现实生活为逻辑基础,并贯穿着现代科学理性”⑥。这是在古典的神话思维中从不曾存在的,从而也必将导致现代神话与古典神话表意形式的迥异:在反讽之后的现代神话建构中,神话诗性思维除了要跳脱现实逻辑的羁绊之外,还将解决现代科学理性的纠缠问题。

金庸在业已进入现代工业文明的20世纪40年代的香港,以“鹿鼎记”式江湖彻底颠覆了武侠小说的“幻想”世界,使武侠小说进入“反武侠”的非理性阶段。此时,武侠小说要离开这个使武侠流落“现实”的“爆破项”—S_2,重返“幻想”天空,也必须处理业已存在的“现代化”这一科学理性问题。在经历了“反武侠”的高密度质疑之后,“江湖”却依然“若无其事”地沿着既有的形式路径,“回流”向“仙侠江湖"的"古典神话"式起点。相比之下,武侠小说的"江湖"符号表意形式,即使受"神话"原型的深度模式影响,走向"现代神话"表意形式将是最可能的选择。

"中国武侠小说的每一次变革都是深刻的结构性变革和思维性变革,也只有结构性变革和思维性变革才称得上'新的境界'。"[7]武侠小说作为与现实世界"格格不入"的幻想小说,只有处理好了它的两个关键词:"神话"和"现代",亦即神话诗性思维与现实逻辑、现代科学理性三者之间的纠结,"江湖"符号表意形式才能完成从"反武侠"向"现代神话"的转型。并且,以此考察武侠小说"江湖"表意形式在"金庸后"的演变逻辑,才能更明晰它的符号内涵及价值。

二、"时空机器":"江湖"进入武侠"现代神话"的一个强隐喻

在武侠小说文体向"现代神话"的突围中,"玄幻"武侠的"江湖"符号表意形式变革最为典型。

"玄幻"这一概念在20世纪90年代首先由香港的武侠小说作家黄易提出,他"自觉地把'幻'作为武侠文体的一条创新之路,向远古追寻是魔幻,向未来拓展是科幻,科幻加魔幻则是玄幻"[8]。并且,在这一理念的指导下,他既以《大剑师》完成了虚拟时空题材的拓荒,又以《寻秦记》成为穿越时空题材的鼻祖,对金庸之后的武侠小说创作走向影响极大。随后涌现的玄幻武侠写作蔚为大观,萧鼎的《诛仙》、树下野狐的《搜神记》等"玄幻"武侠作品,不仅拥有众多网络读者,并且都创下惊人的图书销量。

在《寻秦记》之前,黄易武侠中已有对现代科技的技术性的使用。如在《超级战士》与《大剑师传奇》的"江湖"中,"父神"达加西和巫帝的战斗是一场现代科技比拼,除了以梦族和高山族作蓝本制作

出最完美的实验品魔女百合之外，在达加西的试验品中，沙女可以直接吸取太阳的能量，拥有钢铁意志和超人力量的大元首更是半人半机械。“侠客”们能够封神成仙、超脱三界五行之外，以及江湖中的人类文明毁灭后的“涅槃”新生，都是以科学技法完成。而将现代科技隐喻性地借用于“江湖”，则始自《寻秦记》的“时空机器”。对于武侠小说的文体而言，以现代科技“时空机器”穿越而回武侠赖以生存的“非现实”时空，是黄易武侠为“江湖”表意形式走向更新提供的最大惊喜——它给出一个武侠志在跳脱“现实”羁绊、重返幻想天空的强势隐喻。

当代英国著名物理学家史蒂芬·霍金在其《时间简史》中谈道，大部分科学家在解答“科学的终极目的”时，通常分为两步：“首先，是一些告诉我们宇宙如何随时间变化的定律；第二，关于宇宙初始状态的问题。”⑨关于第二个问题，过去常常会被归入宗教、哲学范畴而不太为科学家所重视，但随着爱因斯坦广义相对论原理的不断被证实，关于时空存在形态的“虚时间”概念、时空弯曲等概念逐步提上研究日程，不确定的未知世界等曾经归入形而上探讨的话题，已经进入科学研究视野。2010 年 5 月，史蒂芬·霍金更发表惊人论述：带着人类飞入未来的时光机，在理论上是可行的，所需条件包括太空中的虫洞或速度接近光速的宇宙飞船。如果虫洞两端位于同一位置，且以时间而非距离间隔，那么宇宙飞船即可飞入，飞出后仍然接近地球，只是进入所谓“遥远的过去”。⑩量子力学的不确定原理，让借助时空穿梭机超光速旅行进入另一时空成为可能，这是科学给予人类关于时空的可操作性想象。

黄易 1996 年的《寻秦记》中，借助于“时空机器”，现代特种兵项少龙得以穿越时空，奔赴两千多年前“群雄争霸”的战国，并在机器的“阴差阳错”与项少龙的“处心积虑”中，辅助秦皇登基，见证历史及其演化规律。这是在武侠想象中，首次让“时空机器”成为“事实”。有意味的是,“时空机器”作为科学技术的产物,是“寻秦记江湖”得以实现的始作俑者,却自始至终未从这个“江湖”中得到对这个现代科学理性产物的肯定。或许,对于“侠客”和“江湖”而言,“时空机器”只能在一种反讽的氛围中被引入,也以一种反讽的姿态退出。

首先,这个高科技产物之于“江湖”而言,最大功能是让事件跳脱时间的延续性和顺序性的束缚,从以法律规范以及高科技产物解决一切争端的现代社会,返回崇尚个体英雄、任自由的冷兵器时代。同时,“时空机器”作为两个世界唯一的连通器,也是科技时代的“现实世界”对“江湖”的最大羁绊,只有摆脱了它所能勾连到的科学理性的束缚,“江湖”才能重新从现实升入天空。

其次,对于“侠客”而言,“现代精英”与“个体英雄”两个身份的纠结,也决定了“时空机器”必然处于一个尴尬的位置。归功于“时空机器”选拔试验品的高要求,从热兵器时代的至多只能为了抢女人而单打独斗(“穿越”之前,现代特种兵项少龙只能在集体配合中行动,个人英雄主义至多只在酒吧抢美女中用得上),到冷兵器时代的“个人英雄主义”的重获,现代精英项少龙得以完成其向“侠客”身份的转换。但是,他的“现实世界”身份必须失效,才能不纠结于“江湖”与“现实”两个世界,孤独的英雄是要否认集体与帮手的作用的。

唯有“时空机器”短暂出现与适时消失,“在没有人来得及哼叫半声时,整座深藏地底的实验室被强裂的爆炸分解成分子,连半点渣滓都没有留下来,当然亦没有人能活命”[11],这个带有讽刺意味的出人意外,才能将英雄推向矛盾的事件:“侠客”项少龙既实现了在现代社会的身份终结,再不必为现代世界束缚,又能作为名副其实的超时代产品,以现代化的军事知识和训练,成为冷兵器时代的“救世主”。如此,这个身世“高贵”(来自军方特种部队中被誉为精英之精英的第七团队)、外形突出(“实在有着使任何女性都垂青的条件"),并且少年得志(20 岁,便是"队里的首席神枪手、自由搏击冠军和体能最佳的英雄人物",被部队里所有人尊称为"龙哥")的现代精英,在进入没有法律规约、只以武力解决问题的乱世之后,才能不必返以及乐不思返:"在 21 世纪哪有眼前凭战争决定一切的乱世,只有在这里,他才可以好好发挥所长,如鱼得水。这时他愈来愈少想到回归的问题了。"⑫

而在"时空机器"的出现与消失中,"侠客"身份会不断地进入冷热兵器两个时代的循环往复状态:从"21 世纪"现代精英身份弹跳回战国"英雄"身份的项少龙,终将在时间的延续中,又成为在"21 世纪"即将返回冷兵器时代的现代科技的"英雄"。情况如同"江湖"的形式演进。惯于在"江湖"中幻想的武侠小说,在历史的进程中,终将难免现代科学理性的挑战。而现代科学理性于"江湖"之"妙",正在于后者总可以借前者的功能而适时地重返幻想的天空。这也正是武侠"现代神话"的"聪明"之处。

三、"江湖"表意形式在"现代神话"中的"拟象"建构及其符号内涵

武侠"江湖"的"现代神话",从 20 世纪 90 年代的黄易到 21 世纪的"大陆新武侠"写手的逐步探索中,已经形成了一定的形式格局。除了以"侠客"的救赎对抗科学理性中的英雄主义之"死",是从"现实世界"出逃、重获幻想的武侠"江湖"的题中应有之义之外,在武侠中进行"科学反思"以及超越性的世界本体探索,从与"庙堂"、"江山"相对,扩展至幻世大陆、星际世界以及"游戏空间"等"拟象"建构,也成为武侠"江湖"在"现代神话"时期较为突出的形式特征。

一方面,"江湖"依然被刻意建构成"乌有之乡"或"黄金之国"。无论是萧鼎《诛仙》中云雾缭绕的"魔幻江湖",张闻笙《风雪载英雄》

的“水与火二元江湖”，还是沧月《神之右手》的主创造的神之右手和主毁灭的魔之左手二位一体的、往复循环的江湖世界，水、火、神、魔之间的对抗与妥协，都成为关于“侠客”何以找到世界的本质，以及是否能改变世界固有程序的象征。即使是借用古典神话故事和人物原型的一些作品，如树下野狐的《搜神记》以三皇五帝时代的传说为背景，沧月和沈璎璎二人的“云荒”系列源于《山海经》的世界结构，丽端的《神殇》系列综合多种唐前仙话进行“神话新编”等，都是在“古代”的名义下，暗藏现代文明的影子。武侠“江湖”在对“古典神话”图景的曲折理解以及颠覆中，创造“现代”幻想世界。

另一方面，“江湖”还是一个高度“游戏”化的电子技术世界。对于“虚构世界江湖”而言，叙述的故事是表征，而“游戏”过程是对它的模拟。黄易在《寻秦记》、《星际浪子》和《时空浪族》等作品中，以科技发展和时空流转，使“江湖”在“神话”思维与科学理性之间的相互挑战中，跳出原有体系。这种由黄易开创的新的“江湖”表意形式，在方白羽的《游戏时代》中被操纵得淋漓尽致。《游戏时代》的“江湖”，在形式上主要以电子游戏“真实幻境”为媒介，在 RPG(角色扮演游戏)的完全代入感中穿梭于高科技数字化时代和冷兵器时代，进入游戏架构的虚拟时空，并在记忆封闭和时间错觉中以极短的时间体验各种完全不同的人生。甚至可以利用“作弊代码”(古埃及《占星术》和古中华《周易》)改变游戏规则，进而改变介入“世界”的方式。但它追求的已经不止于“回到过去”，而是要在不同的“真实幻境”的封闭与打开中，提出关于人类生存状态的终极追问：“难道我们现在的这个世界，也是一个虚拟的世界?”[13]“我们依然还在游戏中？我们今天这个世界，原本就是那个游戏发展而来?”[14]“江湖”成为在现代语境中，以一次武侠实践，对从柏拉图“洞穴”寓言就开始的、关于真实与虚拟的古老哲学命题，作回溯性的重新阐释或是反思。

上述两个方面,以对“古典神话”的借用与曲解,以及立足于新媒介技术上的对于世界本体的终极追问与反思,共同完成了武侠“江湖”的“现代神话”表意形式。这同时也意味着,武侠的“江湖”符号表意经历了“反武侠”时期的解构之后,在现代数字化技术时代语境中铸就的江湖“现代神话”,要面临科技与人文的双重宿命式追问。

“江湖”作为现实世界之外的可能世界被构建,它作为某个族群自我寻找与理解的一种方式,一开始就具有有别于“严肃文学”的游戏特征。但对于20世纪及之后的文化而言,这种游戏同样有其严肃的符号内涵:“更重要的是,在游戏活动中已投入了一种独特的甚至是神圣的严肃,然而,在游戏行为中规定积极活动之此在的所有目的关联并不是简单地消失的,而是以特有的方式化出的。”[15]所以,精英知识分子仍坚持现实优于虚构的一套理论,将“玄幻武侠”指称为“一种完全魔术化了、非道德化了、技术化了的想象世界的方式”,庄子思想特别是犬儒主义指导下的“想象力的畸形发展”以及“装神弄鬼”[16],对于在现代媒介技术中改变了文本形态和经验模式的武侠“新江湖”而言,其评判难免偏颇。武侠“江湖”新的表意形式的符号内涵,需要新的思路来审视。

在“神话”思维与现代媒介文明之间,“江湖”表意形式逐步进行“拟象”(simulation)建构,如同方白羽在《游戏时代》对“真”、“虚”难辨的高度电子游戏化技术世界的描述:“这个游戏是在生物学、电子工程、网络技术、虚拟技术等高度发达后产生的……这个游戏参照古代真实的地球物理环境,利用虚拟技术虚拟了一个以现实世界为参照的虚拟时空,游戏者通过把大脑和电子网络相连而进入这个虚拟时空,而网络给予游戏者的大脑真实的电刺激,所以游戏者在游戏中体验的任何感觉都跟真实的感受一样。另外,还通过减缓身体新陈代谢的休眠技术和时间错觉技术,让人在不太长的时间内体验一次完整的人生。""虽然它异常接近于真实的人生体验,却还是一种只存在于头脑和游戏网络的虚拟世界,所以才叫真实幻境!"[17]它精确地回应了波德里亚对"现实"的告诫:

> 不再有存在与表象,现实与概念的镜子。不再有想象的共延性。相反,基因的微型化成为仿真的特点。真实从被微型化的单位:母体、记忆库以及指令模式中产生出来,有了这些,它可以被无数次复制。它已经不再必须是理性的,因为它不根据某种理想的或否定的例子来衡量。它只不过是操作的。实际上,因为它不再被包裹在想象之中,它也不再是现实的。它是超现实的,是组合模式在一个没有大气层的超空间中光芒四射的产物。[18]

这种现实退隐的超现实(hyperreality)社会,可理解为幻境式的(自我)相似中被精心雕琢过的现实,是真实在理论逻辑上的死亡,以及在符号系统中人为的重生与复兴。[19]在波德里亚提出的三种模拟秩序中,即文艺复兴到工业革命的"古典"时期的仿造模式、工业时代的生产模式,以及目前这个受代码支配的阶段的仿真模式[20],后者是当代主导模拟秩序,也是他主要考察的对象。"江湖"以波德里亚所指称的在技术世界代码支配下的"超现实"状态,使"世界"成为某种"形象"或是一种纯粹的表征。在"幻境"的无意识操纵下,那些被认为的现实,都将带上超现实的拟象特征,消失在符号和程序所编织的迷雾之中。事件隐退进一种遥远的寓言般的无法证实的故事领域,人们沉迷于它所刻意营造的种种表象,思想与行动的批判性消失殆尽,并最终丧失对本真生活的追求。

但对于武侠小说而言,意义也正在于此。如同费尔巴哈早在19世纪就指出的:"对于影像胜过实物、副本胜过原本、表象胜过现实、外貌胜过本质的现在这个时代,只有幻想才是神圣的,而真理,却反而被认为是非神圣的。神圣性正随着真理之减少和幻想之增加而上升。从而，在我们看来，幻想之最高级也就是神圣性之最高级。”[21]正是由于这种“现代”或“现代后”语境下技术世界的符码支配，“江湖”才能重新将幻想及“神圣性”经营得有声有色。

并且，那些在金庸的“不才小宝称至尊”的“鹿鼎记”式江湖中，因无法代入而剥夺了自我想象与精神抚慰权利的符号接受者[22]，或许正因此而乐意进入武侠的“现代神话”：“用有限的生命去体验无限的精彩，欢迎光临真实幻境！”[23]

四、结语

21世纪的武侠小说，辗转进入“现代神话”时期。其“江湖”符号的表意形式，是在与金庸的“反武侠”江湖以及近一个世纪前的“剑仙”江湖的搏击中，脱颖而出的。

“江湖”在“现代神话”与“剑仙”神话中，形式上各自“天马行空”，效果却异曲同工：“许多人注意到了玄幻文学与中国传统武侠小说（包括金庸小说）之间的渊源关系。但我必须指出一个简单的事实：以《诛仙》等为代表的拟武侠类玄幻文学（有人称为‘新武侠小说’）不同于传统武侠小说的最大特点是其极尽装神弄鬼之能事，其所谓‘幻想世界’是建立在各种胡乱杜撰的魔法妖术和歪门邪道之上的，除了魔杖、魔戒、魔法、魔咒，还有各种千奇百怪、匪夷所思的怪兽、幻兽……在玄幻小说中，所谓武林高手（准确地说是‘魔术高手’）之间的‘交手’其实根本不是武功修为的较量，而是‘宝贝’的较量。”[24]这与半个多世纪前，徐国桢对20世纪20年代“剑仙”武侠的代表还珠楼主作品的评价，如出一辙：“关于自然现象者，海可煮之沸，地可掀之翻，山可役之走，人可化为兽，天可隐灭无踪，陆可沉落无形,以及其他……关于战斗方面者,风霜水雪冰,日月星气云,金木水火土,雷电声光磁,都有精英可以收摄,炼成各种凶杀利器,相生相克,以攻以守,藏可纳之于怀,发而威力大到不可思议。”㉕

不同的是,对于江湖“现代神话”而言,在“反武侠”之后的现代语境中,其形式中有着更为丰富和饱满的关于“现代化”的想象。而无论是对于“现代化”的别样“迎合”或继续反抗,都是武侠的“现代神话”制造的强大的磁场,为在“现代化”甚至是“现代后”语境下成长的年轻一代,重新提供一个可“代入”式幻想的天空。

---

① 吕进、韩云波:《金庸“反武侠”与武侠小说的文类命运》,《文艺研究》,2002(2)。

② 吴秀明、陈择纲:《文学现代性进程与金庸小说的精神构建——兼谈武侠小说的“后金庸”问题》,《杭州大学学报》,1997(4)。

③ 参见赵毅衡修正后的格雷马斯符号方阵。赵毅衡:《叙述在否定中展开——四句破,符号方阵,〈黄金时代〉》,《中国比较文学》,2008(1)。

④⑤ 诺思罗普·弗莱:《批评的剖析》,陈慧、袁宪军、吴伟仁译,33、451页,天津:百花文艺出版社,1998。

⑥ 梅列金斯基:《神话的诗学》,426页,北京:商务印书馆,1990。

⑦ 汤哲声:《大陆新武侠关键在于创新》,《西南师范大学学报》(人文社会科学版),2005(1)。

⑧ 韩云波:《论90年代“后金庸”新武侠小说问题实验》,《重庆大学学报》(社会科学版),2005(4)。

⑨ 史蒂芬·霍金:《时间简史》,杜欣欣、许明贤、吴忠超译,16页,北京:商务印书馆,2004。

⑩ 《霍金称时光机理论上可行　警告勿回去看历史》,http://news.xinhuanet.com/world/2010-05/05/c_1274216.htm,2010年5月5日检索。

⑪⑫ 黄易:《寻秦记》(卷一),32、198页,昆明:云南人民出版社,2009。

⑬⑰㉓ 方白羽:《游戏时代Ⅰ·千机变》,379、137、96页,西安:未来出版社,2009。

⑭ 方白羽:《游戏时代外传·梦魇》,221页,西安:未来出版社,2009。

⑮ H. G. 伽达默尔:《真理与方法》,王才勇译,147页,沈阳:辽宁人民出版社,1987。

⑯㉔ 陶东风:《中国文学已经进入装神弄鬼时代?——由“玄幻小说”引发的一点联想》,《当代文坛》,2006(5)。

⑱ Jean Baudrillard, *Simulations*, New York: Semiotext(e), 1983, p. 3.

⑲ 斯蒂芬·贝斯特、道格拉斯·科尔纳:《后现代转向》,陈刚等译,128—129页,南京:南京大学出版社,2002。

⑳ 波德里亚:《象征交换与死亡》,车槿山译,67页,苏州:凤凰出版传媒集团、译林出版社,2006。

㉑ 雅克·拉康、让·鲍德里亚等:《视觉文化的奇观——视觉文化总论》,58页,北京:中国人民大学出版社,2005。

㉒ 金庸在《鹿鼎记》后记中说:“有些读者不满《鹿鼎记》,为了主角韦小宝的品德,与一般的价值观念太过违反。武侠小说的读者习惯于将自己代入书中的英雄,然而韦小宝是不能代入的。在这方面,剥夺了某些读者的若干乐趣,我感到抱歉。”(金庸:《鹿鼎记》第5册,1989页,北京:生活·读书·新知三联书店,1994。)

㉕ 徐国桢:《还珠楼主及其作品的研究》,《宇宙》,1948(3)。

孙金燕　四川大学文学与新闻学院符号学—传媒学研究中心　邮编:610064

无名的玫瑰

——论《玫瑰之名》中的女性符号及小说的虚无本质

◎李　静

引　言

《玫瑰之名》[*The Name of the Rose*（*Il Nome Della Rosa*）]出版于1980年，是艾柯的第一部长篇小说，也是一部不可多得的侦探－哲理－历史小说。《玫瑰之名》出版后迅速赢得各界好评，席卷欧美各地的畅销排行榜，荣获了意大利两个最高文学奖和法国的梅迪西文学奖，迄今销售已超过1600万册，并被翻译成30多种文字，根据小说改编的同名电影同样取得了极大的成功。电影的改编使小说更加畅销，艾柯因《玫瑰之名》而誉满全球。

小说叙述的故事发生在1327年，当时的意大利正处于天主教垄断势力的阴影中。英国天主教方济各会修道士威廉和年轻的徒弟阿德索来到意大利北部山区本尼迪克特教会修道院，参加关于宗教与清贫、王权与意志的大辩论。但就在他们抵达的前一天，修道院里发生了一起离奇的凶杀案，修道院院长委托擅长推理的威廉进行调查，找出元凶。而在此后的数天里，每天都有新的离奇血案，原本已经被异端和欲望搞得乌烟瘴气的修道院，气氛变得日渐阴森恐怖。威廉推测凶手可能是从《圣经·启示录》中得到的杀人灵感，他把注意力集中于修道院的图书馆——这是当时西方世界最大的图书馆之一。凭着对符号、象征、代码的深刻理解，凭着在哲学、文学、版本学、自然科学等方面的深厚造诣，威廉发现了真凶，解开了谜底。凶手是个博学而虔诚的、双目失明的老修士，他的杀人动机非常“别致”：他要保护一本禁书，不希望被他人阅读，因为他认为这本书可能会摧垮整个神圣的基督教世界，而这本书就是亚里士多德的《诗学》下卷。

除了侦探故事情节的外衣，《玫瑰之名》还涉及神学、政治学、历史学、犯罪学甚至植物学、科学等多学科的知识，在政治上表现了教皇与国王之间的冲突，在宗教上讨论了圣经中有关罪恶的预言，还涉及亚里士多德、阿奎那、培根等大师的不同思想，展现了作者渊博的学识和超凡的叙述才能。阅读全书，犹如通过意大利来欣赏欧洲中世纪晚期和文艺复兴初期五彩斑斓的历史画卷。小说充满各种学问，尤其是艾柯对符号的巧妙运用更使小说妙趣横生，联邦德国《明镜》周刊曾说，这是“近年来写法最妙，内容最有趣的小说”[①]。自然，这是一部典型的博学小说。

玫瑰的象征历来都很丰富，尤其在文学作品中，它的象征意义已经到了无所不及的程度。正如艾柯在《诠释与过度诠释》中曾说：“玫瑰，由于其复杂的对称性，其柔美，其绚丽的色彩，以及在春天开花的这个事实，几乎在所有的神秘传统中它都作为新鲜、年轻、女性温柔以及一般意义上的美的符号、隐喻、象征而出现。”[②]玫瑰在西方是最复杂的符号象征系统之一，它至少有三个层次：一是在古希腊罗马的神话系统里，第一束红玫瑰是从维纳斯的情人阿多尼斯的鲜血中长出来的，因此象征了超越死亡的爱情。二是在基督教象征系统里,玫瑰是慎重的象征——拉丁语“秘密地”字面上的意思就是“在玫瑰下”;而且,红玫瑰代表基督在十字架上流的血,因而也代表了上帝之爱;同时,玫瑰又是玛丽亚的象征。三是在民间传统里,红玫瑰代表着世俗的情爱,白玫瑰则代表死亡。在中世纪,玫瑰的纹样异常丰富,约克家族的白玫瑰、兰开斯特家族的红玫瑰、都铎王朝的双色玫瑰,还有秘密宗教组织玫瑰十字会,甚至马丁·路德的私章上,到处都有玫瑰。③而如果从互为文本性角度来看,文学中的“玫瑰”更是蔚为大观:公元2世纪的罗马作家阿普列乌斯把玫瑰作为情欲的符号;13世纪的诗人丘罗·达尔卡莫把玫瑰当做女性美的象征;遑论但丁的《神曲》和法国的寓意作品《玫瑰传奇》了。对艾柯影响深远的博尔赫斯就有三篇作品以玫瑰命名:《隐蔽的玫瑰》、《消灭玫瑰》、《昨日的玫瑰》。应该说,“玫瑰”这一象征系统的多义性和丰富性,为“经验读者”留下了无尽的诠释空间。

自从艾柯的《玫瑰之名》出版以来,对于这部小说的争论和阐释就没有断过,大家关注的焦点首要的是这个书名。“玫瑰之名”到底是什么意思,众说纷纭,争持难下,真可谓是“古有说不尽的莎士比亚,今有说不尽的玫瑰花”。关于《玫瑰之名》的西文论著已有好几部,在中国也引起了广泛的兴趣。在《〈玫瑰之名〉后记》中,他曾明确断言:“玫瑰这一意象有如此丰富的含义,以至于现在它已经没有任何含义了:但丁笔下神秘的玫瑰;代表爱情的玫瑰;引起战争的玫瑰;使艺术相形见绌的玫瑰;以许多其他名字出现的玫瑰;玫瑰就是玫瑰就是玫瑰就是玫瑰……”而一部小说的题目“必须把读者搞晕,而不是要限制读者”④。因此,对于《玫瑰之名》的诠释,仁者见仁,智者见智也不足为奇。

这部小说的名字来之不易,艾柯费了不少工夫为书取名。它最初的名字是“修道院谋杀案”,还有他认为比较中肯的即“梅尔克的阿德索”,但是由于出版商的意见,加上艾柯自己的思考,他又为该书取了至少十个名字，最后选定了“玫瑰之名”。在《〈玫瑰之名〉后记》中，艾柯列举了一些对《玫瑰之名》的诠释和评论，谈到自己曾经受到莎士比亚《罗密欧与朱丽叶》的启发，但是他愿意将诠释的权利留给读者，他赞同巴尔特“作者之死”的观点，“作者在完成作品后应该死亡，不应该成为文本的麻烦”[5]。但是，读者对于文本的诠释必须有个限度，在《诠释与过度诠释》一书中，他提出了“文本意图”这个概念，希望读者尊重文本自身的意图，从文本出发，进行意义解读。单从文本来看，整部小说除了结尾根本就没出现玫瑰，因此“玫瑰之名”具有极大的象征隐喻意义。在小说结尾处，阿德索写道：“我留下这份手稿，不知道日后有谁会看它，我也不再知道它究竟在讲述什么了。昔日的玫瑰芳香已逝，我们拥有的是空空的名字。”这里他引用的是12世纪欧洲诗人——博纳德·莫里(Bernard of Morlay)的六音步诗句[Yesterday's rose endures in its name; we hold empty names (stat rosa pristine nomine, nomina nuda tenenus)]。[6]这感伤的诗句，与阿德索的悲观情绪相契合，世界原是虚空，玫瑰只是个名字。在此，我们可以说“玫瑰之名”象征着世界的虚无本质。

实际上，从符号学的角度来看，该小说题目说的就是能指与所指的关系。根据索绪尔的结构主义语言学，每一个符号都是由一个概念(所指)和一个音响符号(能指)构成的，其实这个能指就是事物的名字，而能指与所指的关系完全是任意性的。罗兰·巴尔特曾用“玫瑰”为例，来解释他的二级符号系统，在第一级符号系统中，玫瑰是花的所指，是任意性的；在第二级符号系统中，玫瑰花则是能指，而其所指就很多了，比如爱情。没有香味，没有花的能指，我们拥有的就只是空空的名字。在小说中，神秘的修道院没有名字，乡村少女没有名字，凶手没有名字，怪书也没有名字，而玫瑰作为象征，可以是任何一种名字，也可以说没有名字。玫瑰在文本二级系统中隐匿或失去了能指,而能指不在也就意味着丧失了所指,因此,如果有所谓的所指的话,它也随着能指的丧失而不复存在。在这个意义上,这部小说是一部关于能指力量的小说。

在小说中,玫瑰无名有多处暗示和映射,而最典型的隐喻之一就是:无名的乡村少女。本文重点来论述作为虚无能指的少女形象,从中既可看出中世纪女性失语和毫无尊严的状态,也可以推断出小说的虚无本质。在《玫瑰之名》中,出现的女性很少,仅有的一位就是萨尔瓦托带进修道院的那个乡村少女。然而关于女性,在《玫瑰之名》中则有大量的讨论。各个教派各种人物都有各自对女性的看法,诬蔑的、赞美的、感激的、崇拜的、憎恨的、倾慕的、厌恶的、喜爱的,等等,不一而足。而无名的乡村少女作为唯一出现的女性人物,成为所有这些男性世界议论的中心,而她自己则似乎患了失语症,不仅没有说什么话,甚至没有留下一个名字。

一、阿德索:情感

主人公阿德索到修道院的第三天晚上,先是到乌伯蒂诺那里去寻找真理,乌伯蒂诺的讲述对他产生了巨大的影响,使得他决意独自进入主楼图书馆,去探索未知的领域。在这个他直觉认为是决定命运的一晚,他的命运确实有了很大的改变。就在他经过一番昏昏沉沉的阅读和幻想后,离开图书馆来到厨房,看到了一位少女。这位少女是萨尔瓦托诱惑来以色相换取食物的乡下女孩。这位少女和阿德索一夜春风,成为阿德索终生难忘的唯一一次世俗的爱情。阿德索即使到了老年依然"还无情地清楚鲜明地记住每一个细节",可见少女对他的心灵、情感、精神的影响和震撼。

十六七岁的女孩,在阿德索的眼里甚至是完美的。阿德索听不懂她的语言，但能从语音和语调中猜出姑娘在夸他“年轻、俊秀”，阿德索虽然觉得魔王的圈套魔法无边，认为这种赞美的话虚虚假假，但他还是生起无法克制的感情。因为她的美丽令人震撼，她像黎明那样出现，像月亮那样美，像太阳那样清澈明亮，像举着旌旗的大军那样可怕。他觉得自己陷入了一种谵妄状态，不知道为何在快乐的同时还有罪恶感。他用最美好的语言和句子表达他的快乐，并且质疑道：“在圣人所说到的乐事跟在我搅动了的心灵当时感到的乐事之间，真的有所不同吗？”

无论在当时，还是在后来，阿德索的心理都极为矛盾，无比的幸福感、极乐感以及羞愧感、罪恶感交织在一起。两种情愫在他的心中脑中反复冲突，他既将这件事看做神圣的，又将之视为魔王的诱惑和哄骗。“也许当时和在夜里所经历的是中午的魔王的法术；魔王懂得掌握住(人的)灵魂并哄骗肉体。但我立刻就相信：我的顾虑的确是太过分了，因为没有什么东西比我当时正在经历的，更正确、更美好并且更神圣了，那种经历的甜蜜与分俱增，与秒俱增。”不管怎样，爱总是人间最美丽的事物。阿德索用来描绘世俗的欢乐和神圣的殉教者是一样的句子，他无法将世俗和神圣区别开来，他只好认为那件事就是上帝创造的美和善。他质疑神圣事物和世俗欢乐的相似之处，他认为这些相反的事物之间都有同类性，有难以琢磨的相似性。“通过多义的代号，上帝可以叫做狮子或豹子；死亡可以叫做刀剑；欢乐叫做火焰，火焰叫做死亡，死亡叫做深渊，深渊叫做永灭，永灭叫做疯狂，疯狂叫做情欲。我作为一个青年，为什么用圣人描写对(神圣)生活的心醉神迷所使用的词，去描写给我深刻印象的殉道者迈克尔对死的心醉神迷呢？为什么我禁不住用同样的措辞描写对世俗欢乐(是有罪的，并且是短暂的)的心醉神迷呢？”

快乐过后产生的是悲哀、罪感。人类是多么矛盾，在追求世俗快乐的同时，会认为那些快乐都是罪恶。尤其是对于一个修道士来说，世俗的欢乐是他所不应该涉及的，更何况，阿德索还是一个教规规定要独身和禁欲的本尼迪克特教士。因此，在那幸福的一刻来临时，他的内心充满了矛盾，在那一刻结束时，他想到自己犯了罪。不管怎样，阿德索都无法将姑娘和邪恶连在一起。当他老的时候，他依然怀着罪感幸福地回忆并认为自己的青春是多么美好。“我意识到我犯了罪。现在在许多年以后我仍然悲叹自己的错误时，无法忘记那天夜晚我所感到的极乐。如果我不承认在那两个罪人之间所发生的关系，本身当然也是善和美，那么我就是对创造了善和美的万物的上帝不公平。”

阿德索自从和无名少女相遇后，就陷入了难以摆脱的困境中。有时悔恨，有时思恋，一时受着情欲折磨，一时犯了相思病，又时时为姑娘的安危着急担忧。可以肯定的是，他无时不在想念她，他的幻象中到处是她。“我可以竭力写下来的是：我有罪过，我希望她随时出现。”他从爱情想到美德，大抒其情。脑袋里出现了很多的幻象，“我觉得天地间的造物都是她的体现，我希望跟她再次相逢，……就好像万事万物都只对我诉说着我在厨房芳香的身影上努力看到的脸孔”。对于自己的各种幻象，阿德索翻来覆去地分析，到底是中了魔王的圈套呢，还是上帝的美意？他对于自己的所作所为，在内心千回百转地荡涤过后，认为：“如果整个世界注定要对我诉说造物主的力量、仁慈和智慧，如果那时整个世界都对我诉说那位姑娘，她（尽管她是罪人）却是造物这部伟大著作中的一章，全世界唱的伟大的赞美诗中的一首赞美诗——我对自己是（现在我在说）：如果这种事情发生了，那只能是支撑着世界的上帝伟大设计的一部分。神把世界安排成一把七弦竖琴，共鸣和谐的奇迹。我如醉如痴，我在所看到的东西中欣赏她的存在，希望她存在于我所见的东西中；看着它们，我尽情享受着。”

由此阿德索得出结论：爱情作为认知来说，是最伟大的认知，我们通过爱情,比通过知识能更好地懂得事情的本质。

然而,作为本尼迪克特的修道士,阿德索必须从情感的纠缠中挣脱。后来当姑娘被贝尔纳德的弓箭手抓住时,阿德索吓坏了,"我的心脏收缩了:原来是她,我思念中的姑娘"。阿德索一时冲动,想要冲过去救她,但威廉责备地制止了他。当他看到姑娘被带走时,情不自禁要跟随她去,理性的威廉又一次拉住了他,阿德索为自己的无能而愧悔。"我羞愧地哭泣起来,逃回自己的密室,整整一晚上咬着自己的草铺,偷偷地绝望地呜咽着,流着泪,因为我甚至不能——像我和我的伙伴们在梅勒克念到的骑士罗曼史里的人物那样——哀悼死者,喊出心上人的名字。"

这位少女没有名字,如果她象征着爱情的话,她可以成为玫瑰的又一别名,但她自己没有名字,正如她最后被当做女巫送上火刑柱,她作为欲望的能指消失了,因而作为爱情的所指也成为空洞的理念。阿德索在得知她会被烧死时所想到的是:"这是我平生第一次获得的人世间的爱,无论在那时还是在以后,我都不能够叫出心上人的名字。"无尽的怅惘,无尽的回忆,阿德索第一次也是唯一一次人世间的爱,留下的是永恒的追忆和遗憾。那个心上人什么也没有留下,甚至名字。能指没有了,所指也终将消逝在世界的空虚之中。

二、威廉:理性

威廉是一个非常重视事实的理性至上、崇尚科学的智者。他善于从事物的迹象中推断出事物的本质。对布鲁纳勒斯的推断就是典型一例,使所有的人都为之大吃一惊。他教导阿德索:"要认识迹象,因为世界就是通过这种迹象像大部头的书告诉我们情况那样。"

威廉信仰罗杰·培根，精通亚里士多德学说，他是一个本尼迪克特教士、一个教廷大法官，对于阿德索的情爱困惑，他给出的诠解是合理的、理性的。对于乡村少女之事他给予的解释非常符合他作为智慧的导师身份。

阿德索向威廉进行了忏悔，把一切毫不隐瞒地告诉了他。威廉认为阿德索违反戒律，犯了罪，但是也并非罪不可赦。他引经据典，先分析女人的缺点：《圣经》说女人是诱惑的根源。《传道书》论及女人时说，跟她性交像烧着的火。《箴言》说，女人夺去男人宝贵的灵魂，最坚强的人也毁在她的手中。《传道书》进一步说，女人比死亡更厉害，女人的心是圈套和罗网，手像嵌条。还有一些书说女人是魔王的人。然而，威廉有自己对女性的看法，因为他无法相信上帝故意造出这样一种恶人，而不赋予她某些美德。从而他对上帝创造女性进行了深入的论述："上帝授予女人许多特殊的荣幸和显赫的动因，其中三点的确是很伟大的。实际上上帝在低下的世界中、在泥地里造男人；女人是上帝后来在天堂中造出来的，用高贵的人的材料造成。他不是按亚当的底部和内脏而是按肋骨捏成女人的。第二，上帝是万能的，他可以直接以某种神奇的方式变成人形，但他不那样做，却故意寓于女人的子宫中。这就表明女人根本就并不那么肮脏。他在复活节后出现时，就是出现在女人面前的。最后，按照天福，任何男人都不能成为天国的国王，但王后则是从来没有罪过的女人。"

对于阿德索受女孩的吸引以至于违反戒律，威廉说："如果上帝对夏娃本人及其女儿表现出如此的恩宠，难道我们被女性的优雅和崇高所吸引，就是那么不正常的事吗？阿德索，我要对你说的意思，是当然你不应该干这种事了，但你受到诱惑而干了这种事，那也不是什么元凶极恶。就这种事而论，对一个修道士来说，在他的一生中至少有一次肉体情欲的经验，这样在他将来规劝和安慰罪人时就可以有宽容心和理解的心情……”他劝诫阿德索：“这不是事情发生前希望它发生的事，但一旦发生了，也不是什么值得大骂特骂的事。这样，让它见上帝去，今后别提这件事了。”

威廉的分析超越了狭隘的男权主义思想，甚至给女性以崇高的评价。在他的分析中，他并不囿于宗教经典的禁制和局限，而是以自己的理解，反向阐释，对经典的说法予以解构。他的分析给了阿德索很大的安慰，使得阿德索心中的压力和愧疚减少许多，甚至有点得意和庆幸。威廉善于推断，根据阿德索的忏悔，威廉推断出了是萨尔瓦托和雷米吉奥干的事，因为他们有机会和乡下的农民打交道，他们知道怎样把外人弄进修道院来，又怎样弄出去；他们在夜间自由自在地在整个修道院中逛来逛去，雷米吉奥是生活总管，萨尔瓦托是他的死党，他们利用职务之便满足自己的欲望。

三、乌伯蒂诺：信仰

乌伯蒂诺是修道院中一位圣方济各派的教士，和威廉是老朋友。他在多年前就因躲避“异教徒”之名而藏身于这家修道院，不问世事，只是沉思和祈祷。他的一生中有过太多的经历，对于女性他有丰富的经验和独特的看法。在阿德索遇到少女之前两个小时，乌伯蒂诺刚刚给他作了长篇大论的分析，对于异教徒多尔西诺以及玛格丽特的经历，对于善恶的区分，对于爱和女性的看法，他发表了作为一个老年的修道士的经验之谈。阿德索深受其影响，正是听了乌伯蒂诺富有哲理而又不乏激情的讲述，他才决意脱离老师，独自上图书馆去冒一次险。

乌伯蒂诺对于女性和爱的看法集中在他对阿德索的讲述中——在他谈到异端的时候，他认为“女人是魔王的手下”，“善与恶的分界线是那样微妙”。他认为异端多尔西诺的罪过在于他是以一种纯粹神秘的方式把大概是正统宗教的人所宣讲的东西付诸实施，多尔西诺错在“不应该改变事物的秩序，即使我们必须热烈地希望改变它也罢”。他向阿德索介绍纯洁的爱和邪恶的爱，他认为人性是软弱而矛盾的。“爱是什么？世界上，人或者魔鬼或者任何东西中，我怀疑没有什么东西能像爱那样存在的，因为爱比其他任何东西都更能渗透入灵魂。存在的东西中，没有什么比爱那样充实而吸引心灵的了。因此，除非你有克制爱的武器，否则灵魂总是通过爱堕入无边的深渊。”

在他的概念中，有良好的爱与邪恶的爱之分，有超自然的美与世俗的美之分。圣母玛丽亚具有超世俗的美；妓女虽然形体美，但却是世俗的恶的美。必须把这些不同性质的爱区分开，但是他承认“要想把此种爱与另一种爱区分开，是多么难”。他认为“女性本质上是邪恶的，但当女性通过神圣活动就变得崇高庄严时，只有在这时她才能是神的恩典最崇高的媒介。最纯洁的贞洁给人生命以灵感”。然而阿德索虽然铭记各种爱的不同，当他在图书馆看着圣母像和妓女的肖像时，却认为她们一样美，他分不清哪个是超自然的，哪个是世俗的。

当无名的乡村少女被抓时，阿德索一心想要跟了去。乌伯蒂诺的分析则令他更加痛苦万分：“如果你看着她，是因为她美，并且她使你感到心烦意乱（但我知道你已心烦意乱，因为她被怀疑所犯的罪，使你感到她更加迷人），如果你看着她就有所要求，那么单单这一点她就是女巫了。警惕啊，我的孩子……身体之美只是皮毛之美。如果愚钝的人能透过表皮看到内容，那么他一看见女人，就会不寒而栗。一切优美雅致都在于黏液和血液，体液和胆汁。如果你想想鼻孔、喉咙和肚子里藏着什么东西，那只会发现污秽而已。如果你手指尖接触到黏液或粪便就恶心，那我们怎能想象拥抱那包含着那些粪便的囊袋呢?"阿德索几乎要眩晕过去,幸好有威廉的理性支持。乌伯蒂诺作为信仰者,对于女性的分析倾向于重视精神鄙视肉体,他对于乡村少女的态度对阿德索无疑是折磨,不过阿德索很快从仁慈的导师那里获取了解脱。

四、贝尔纳德:官方

贝尔纳德是教皇的大检察官,权倾一时,可以对修道院中的任何事情进行调查和处理。当他的弓箭手抓到无名少女和萨尔瓦托在一起时,贝尔纳德当即判断"现在这案件在我看来很清楚:是修道士勾引女巫,还有某种法术",他补充说,她是什么人,已经是很清楚了,在把她当做女巫烧死之前,有审讯她的时候。这两个人被拖走,一个沉默不语,失魂落魄,心里七上八下;另一个哭哭啼啼,像被领往屠场的动物那样尖叫着。不管是贝尔纳德、弓箭手还是阿德索自己,都听不懂女孩的农村方言是在说些什么。虽然她大叫大喊,却像是哑巴似的。有些话好像是授予力量,另一些话则使他们摸不着头脑。正如小说中的插话"无知的人的粗俗语言属于这后一个范畴;上帝还没有施恩惠于无知的人,让他们以知识和力量的普遍语言去表达自己的意思",姑娘根本没有辩解的权利,她的话没人听也听不懂,他们也根本不给她机会辩解。在此,显然说的是女性没有任何地位,也没有任何话语权。作为乡下的一个无名少女,任凭她说什么,根本没有人听更不必说为之辩解,只能被当做女巫活活烧死,可以说她的死毫无价值。如果说有"价值"的话,那就是威廉后来所分析的,"把一名漂亮的女巫扔到火堆里,将提高他俩的威望和声誉"。

阿德索痛心疾首,一心想要为姑娘辩护,但是他在检察官面前毫无办法、无能为力,想到那女孩在为与她毫无关系的东西付出代价,他就感到非常绝望。而他从中获得的人生哲理便是:“卑贱者往往得为一切承担后果,甚至为那些替他们说话的人,为那些像乌伯蒂诺和迈克尔这样的大人物当替罪羊。这些人苦口婆心,阐述了苦修之理,最终使卑贱的小人物走上了反抗之路!”“确实如此,”威廉悲哀地说道,“如果你确实在追求一点正义的话,我可以告诉你,总有一天,教皇和皇帝这两条天狗会对为他们效劳而相互残杀的小狗们的尸体视若无睹的,迈克尔和乌伯蒂诺也一定会遭到与这个女孩今天相同的命运的。”

弱者永远是强者的替罪羊,这就是社会的法则,威廉的分析可谓入木三分。女性本来就是社会的弱者,在黑暗的时代里更是如此,无名的少女,无名的玫瑰,消逝在火焰中。玫瑰没有名字,正如这个无名的乡村少女。女孩和阿德索一夜良宵,让阿德索终生难忘,然而这个女孩是没有名字的,她甚至也没有语言。在众多的男性包围中,患了失语症,失去了自己的声音。作为小说中唯一的女性,没有名字,能指缺失,其女性的所指意义也当阙如。从这个意义上来讲,我们可以说少女是一朵无名的玫瑰,这朵玫瑰没有名字。

小 结

能指是符号对感官发生刺激的显现面,所指应当是系统中的符号的意指对象部分。无名是有名的能指,有名是无名的所指,能指不在,所指消失。因此,无论是有名抑或无名,在终极意义上,均不存在。世界是一团虚无,一片死寂,一具死尸。在《玫瑰之名》中,除了无名的乡村少女,还有无名的修道院、无名的凶手以及无名的手稿,这些重要的符号都没有名字,换句话说,他们都失去了能指,也即他们根本就不存在,因而也就根本无法谈及其所指意义。小说讲的是纯粹虚无的故事,颠覆戏谑反讽了前言中作者故作真实的发现手稿,将读者置入符号的不在场与谎言之中。因此,《玫瑰之名》可以说是一部关于虚无和死亡的小说。

本文系2010年度国家社会科学基金项目"艾柯文学研究"(10XWW010)阶段性成果。受到中央高校基本科研业务费资助。

---

① 昂贝托·埃科:《玫瑰之名》,林泰、仲安、曙光译,前言,重庆:重庆出版社,1987。本文未注引文,均出自该译本。

② 艾柯等:《诠释与过度诠释》,王宇根译,59页,北京:生活·读书·新知三联书店,1997。

③ 汉斯·比德曼:《世界文化象征辞典》,刘玉红等译,215—216页,桂林:漓江出版社,2000。

④ Umberto Eco: *Postscript to The Name of the Rose*. Harcourt Brace Jovanovich, Inc. 1984, pp. 2—3, p7.

⑤ http://www.umbertoeco.com/en/name-of-the-rose-title-and-last-line.html.

⑥ 赵毅衡:《文学符号学》,14页,北京:中国文联出版公司,1990。

李　静　复旦大学博士后,重庆大学语言认知及语言应用研究基地研究员,邮编:400040

布尔迪厄文化符号理论视角下的网络电影

◎刘吉冬

本文在详细概述布尔迪厄文化符号理论的基础上，将该理论置于网络场域中，对布尔迪厄的核心思想“场域—惯习—资本”作进一步的审视和思考。得出：场域边界的模糊迎来了全民进入网络场域的狂欢景观，引发了新的选择元语言危机，使整个文化呈单轴运动；全球化文化演变使个人放弃了选择意义的自由，在文化民粹主义浪潮中成为单轴人；网民借助群选的优势，获取符号资本，寻找自我认同的意义，得到情感上的虚幻满足。以网络电影为例，网络符号危机体现在媒介传播形态对网络电影生成的影响。

一、布尔迪厄文化符号理论产生的思想渊源及当前语境

布尔迪厄文化符号学理论产生于前期现代社会，其典型特征是阶层等级制，至上而下的管理模式，倾向于福柯所说的强制性“全景控制”。[①]布尔迪厄读书时期法国知识界盛行的萨特存在主义(主体

哲学),不久后被列维·斯特劳斯等人的结构主义所替代。列维·斯特劳斯的结构主义理论对他的学术思想影响很大。然而,布尔迪厄不满意结构主义的田野作业,因为田野作业过度削弱了主观能动性的发挥,将一切社会和文化都看做结构性的制度和规则的总和,个体行动者只不过是结构的承担者和被动执行者。[2]为此,布尔迪厄寻求实践策略,实践使得客观世界的规则被内化为行动者的习性,习性再生产实践。对布尔迪厄影响较大的还有维特根斯坦。维特根斯坦的语言观强调语言的意义在于语言的使用,根本点在于强调人们如何去使用它们。在此基础上,布尔迪厄提出了实践语言观,强调交流必然与历史、社会条件有关,语言交流必然包含着权力关系,语言交流是文化权力的符号化体现。布尔迪厄的文化理论是立足于当代资本主义社会对马克思的意识形态理论的重构和发展,也是对古典人文主义将文化奉为经典、抽去其历史维度和政治意义的传统观念的突破。[3]

媒体(尤其是电视媒体)作为文化的承载物,其意识形态倾向过于明显,受到布尔迪厄的猛烈批判。[4]他批评媒体对"经济逻辑、商业压力的臣服",指责其对观众与市场专政,力图为"专家城邦"开拓一个自主的不受记者与媒体逻辑限制的、直接介入政治与文化讨论的传媒空间。[5]媒体曾一度对他恨之入骨。但随着科学技术尤其是网络技术的发展,结构主义主导的时代快速进入了文化解构主义时期。赛博人理论和内爆理论都是典型的后现代主义的解构思想。"我们已步入了一个'人机合体'的时代,这个时代使原本恒定的一切界限被逾越,一切似乎颠扑不破的分类原则被打破。"[6]哈拉维在1985年的《赛博宣言:20世纪晚期的科学技术和社会主义的女性主义》中,引用了"赛博人"(cybeorg)这个概念(由"cybernetics"和"organization"取前部分组合而成)。哈拉维把赛博人看做无性别的有机体,对"赛博人"的定义是:"一个控制有机体,一个机器与生物体的杂合体,一个社会现实的创造物,同时也是一个虚构的创造物。”哈拉维对赛博人的内在含义的理解主要表现在几个方面:首先,从本体论来讲,赛博人模糊了边界,包括人和动物的界限、人和机器的界限、自然与非自然的界限。其次,是赛博人身份的断裂。[7]身份强调的是社会系统运作的整体性、规范性,是人们在日常生活中所扮演的角色,是社会的产物。身份的断裂意味着人们脱离了传统规范的束缚,重新思考自己的定位,身份的断裂是对这种整齐划一的制度规范的质疑和颠覆。哈拉维举出了转基因番茄的例子,它让我们认识到身份的确定是社会活动的结果。赛博人已脱离了原来所属的种群,有着自己的元语言和认识世界的独特方式。与此理论相关的还有鲍德利亚提出的“内爆”概念,他认为,人与自然、技术与人、男与女等已发生内爆,两者界限不再清晰。[8]

网络时代不仅为人们提供技术上的支撑,同时也彻底打乱了人们的生活方式,从根本上瓦解了人们的传统思维方式。网络技术凭借自身优势使网络场域不断变宽,呈扩大化趋势。网络数字技术等先进技术的出现,为人们建构了一个无等级差别的场域。网络世界是有别于现实生活的“拟真世界”,不是对现实生活的原本复制,但是比现实生活来得更“逼真”,是未来世界的“乌托邦”。在这个开放的场域里,个体受到群体、社会等传统规范的制约较少,人们在网上畅所欲言,无需戴上精神的镣铐。随之,各种场域间的关系悄然发生改变,尤其是场域内的符号资本的力量威力巨大。而在传统社会等级制度中,政治场域过于强大,其他场域如经济、文化等必须归顺于它。从唐娜·哈拉维的“赛博人”理论中可以得到启发。她对西方传统的“二元论”提出质疑,认为二元论易使一方处于优势地位,另一方则成为其对立面,成为弱势,这种不平衡的分化必然引发统治和被统治之间的矛盾关系。

二、布尔迪厄文化符号理论的核心概念梳理

布尔迪厄文化符号学理论考察的重点是文化与权力的关系:文化在特定的场域下是如何运用资本达到权力控制的目的。因此布尔迪厄文化符号学理论的核心思想是“场域—惯习—资本”,其中符号资本是贯穿文化权力实现的主线。接下来我将详细地厘清这三个概念及其共生关系。

1.场域理论

场域理论是社会心理学的主要理论之一,它起源于19世纪中叶的物理学概念。布尔迪厄受到韦伯的宗教社会学启发,运用场域理论进行实证分析,通过解读法国知识分子领域以及文学场的形成和运作,引起人们对文化背后特定利益系统的关注。布尔迪厄认为:“场域是各种位置之间存在的客观关系的网络,或一个构型(configuration)。”行动者争夺有价值的支配性资源的空间场所是场域的本质特征。场域理论探讨的问题是各位置间的支配、屈从、对应等关系,即行动者争夺合法场所,争夺对场域的支配性价值及评价标准的垄断等。⑨

布尔迪厄认为,在分化社会中,浑然一体的实在世界分化为一个个“各自为政”的可能世界,有着相对的自主、特定的逻辑,然而这些小世界在生成结构上同源,即都遵从支配与被支配的等级结构的作用。运用关系思维理解社会世界中或明确或隐蔽的关系,但这些关系不可被看成是行动者的互动或个人间交互主体性的纽带,而是马克思意义上独立于个人意识和个人意志的客观关系。布尔迪厄强调的“场域”与阿尔都塞的“意识形态国家机器”有很多区别,关键点是“意识形态国家机器”观着眼于从客观主义抽象冷漠的局外视角看待社会结构的共时框架,根据既定的规则程序形成结构内部的

运作，一种类似于机器的机械运动。而场域观引进了主动参与、创造性的行动者，行动者在受场域制约的同时，仍然保有改造、建构他的场域的倾向和可能性。[10]

2. 惯习

有关“惯习”的构想来源于埃尔文·潘诺夫斯基(Erwin Panofsky)的《哥特式建筑与经院哲学思想》。埃尔文·潘诺夫斯基发现经院哲学的教育影响着中世纪的时代精神、心智活动，并渗透当时人们的社会活动、行为规范，甚至鉴赏判断中。他认为“心智习惯”不仅仅在制度、实践和社会关系中传递、渗透，它本身还作为特定条件下的思想、行为的生成图式，一种“形塑习惯”的力量在起作用。[11]布尔迪厄受“心智习惯”和“习惯形塑力量”的启发而提出了“惯习”概念。惯习中寄寓着个人通过教育的社会化过程，浓缩着个体外部的社会地位、生存状况、集体的历史和文化传统。同时惯习下意识地形成人的社会实践。故什么样的惯习结构就代表着什么样的思想方式、认知结构和行为模式。

惯习概念体现了社会实践既不是不受社会条件制约的自由选择，也不同于受制于绝对社会规则的被迫性行为。惯习一面是被实践形构的性情结构，同时又作为生成性的建构中的结构，下意识地形成人的社会实践，具有导向实践的功能。行动者和社会世界的信念关系(doxic relation)是理解布尔迪厄的惯习概念的关键。布尔迪厄相信行动者和社会世界存在某种“信念经验”，即“信念是确立于实践，介于惯习和场域之间过程中的直接附着关系，一种源于实践感的、前语言的、对世界的想当然想象关系，信念与场域相契合”[12]。因此，信念关系产生归属和拥有的感受，即随之产生文化身份感、社会身份感，在这一关系中介入个人的社会化，从而与社会化的个人融合在一起。

3. **符号资本**

如果说场域的存在是为了给各种资本的相互竞争、比较和转换提供一个必要的场所，那么，资本的存在就是为了维持场域的正常运作。因为每一个行动者必须拥有一定的资本，取得相应的社会地位，才能参与到特定的场域中，通过场域中的关系网络，同其他行动者进行多种形式的策略性斗争。资本出现的形式主要由经济资本、社会资本和文化资本等构成。经济资本以金钱为符号，以产权为制度化形式；社会资本以社会声誉、头衔为符号，以社会规约为制度化形式；文化资本以作品、文凭、学衔为符号，以学位为制度化形式。资本以三种形态呈现出来：具体形态，即精神和身体的“特就性情”的形式；客观形态是文化商品的形态（图片、书籍、词典等）；体制形态，则是一种被区别对待的客观化形式。[13]

面对资本数量和组成结构的不同，布尔迪厄把社会空间的各个市场中的竞争的资本大体上划分为四类：经济资本、文化资本、社会资本、符号资本。符号资本是布尔迪厄继三大资本之后提出的第四大资本。个人身份感受制于社会位置，使行动者很难真实、超脱地理解现实，往往只能透过位置带来的视域认识现实，这种认识是以“误识”的形式表现出来的。[14]符号资本概念的提出，是为了解释各类资本为被统治者自愿地赞同和认可的误识效应，人们误识了这些资本的占有和积累的任意性。符号资本是有形的“经济资本”被转换和被伪装的形式，符号资本产生适当效应的原因正是因为它掩盖了源自物质性资本形式这一事实，物质性资本同时也是符号资本的各种效应的根本来源。所以，符号资本发生效果的基础，是经济资本在社会空间中不平等分配的事实。但是由于符号资本的合法化效果，社会空间就像被施了魔法，社会成员共同生产和维护不平等的社会结构。

各种资源构成不同形式的资本。每一场域都具有各自占主导性的资本，知识分子场域掌握着文化资本，而权力场域包含政治、经济、社会资本。有多少场域就有多少资本形式，占优势的资本形式决定了场域的特有逻辑，不同场域的特有逻辑往往不可通约。参加场域游戏的行动者，必然携带特定的资本和惯习。一旦进入某一场域参加特定的争夺游戏，就意味着行动者已拥有一张入场券，即具有一种"幻象"，他们对场域的支配性价值、资本、游戏的争夺对象、胜负结果深信不疑，也就是说具有某种信念。在场域中取得合法地位的行动者，同时也获得了场域加诸其上的被掩饰的"符号暴力"、符号资本。符号资本使得行动者在场域的博弈中取得的战利品呈现出合法表象，当社会行动者不假思索地接受和认同这些表象时，符号暴力也就顺当地剥夺了个体对真相的思考能力。

三、网络时代对布尔迪厄文化符号理论的再思考：以网络电影为例

后现代性以符号方式管理欲望符号生产，具体操作受控于信息、电子化与数字化。[15]互联网有着与生俱来的开放性、虚拟性、互动性、共享性等特征，这些是有别于传统媒体的本质特征，标志着人类进入后现代社会。现以网络电影为例，探讨在新媒体场域下布尔迪厄文化理论的实践性。对网络现象加以严格界定，似乎是一件费力不讨好的事。如学界对网络电影的界定有以下几种观点：第一种观点，从播放渠道和放映时间进行界定：阿祥定义为5—20分钟、陈思之认为是5—30分钟；第二种观点，从与传统电影的区别尤其是参与性上界定：陆琼认为网络电影参与性极强；第三种观点，从传播渠道和特性上进行界定：张熙娟认为网络电影特指网上发行的电影，重参与性与互动性；第四种观点，从特点和播放方式上进行界定：朱倩、李亦中认为网络电影以网络作为传播渠道，在播放方式上可以

选择任意顺序播放,采用一种即时的、互动的、原创的电影呈现方式。王仕勇综合了以上的分类方法,提出第五种观点:网络电影不是传统电影的网络化。网络电影是以网络为最主要发行和播放渠道,以数字文件形式存在的,有一定故事情节,具备草根性、游戏性、整合性等特征,供网络用户观赏和参与的一种新型电影艺术样式。[16]

从以上定义来看,人们还是不能够清晰地划定网络电影、传统电影、视频短片、DV 短片等概念之间的严格界限。笔者认为网络电影指的是以网络为主要传输和播放载体,融入电影语言及叙述技巧,为网民提供具有艺术审美价值的视频短片,不包括传统电影的网络版。网络电影不仅兼有网络媒介的特征,且要满足电影的艺术要求。传统电影是网络电影的非数字化形态,网络平台只是传统电影的又一个宣传途径和观看渠道,如搜狐、新浪等门户网站也开通了院线电影频道。网络电影多出现在专业视频网站,如酷 6 网、56 网、优酷网、土豆网、六间房、激动网等。它的呈现形态有别于播客、视频、短片等网络频道,后者多指一些 DV 的现场实录,没有经过电影语言的加工,不属于网络电影。造成人们对网络电影模糊性认知的主要原因是,网络电影具有传统媒体与新媒体场域间融合的典型性特征,以致人们失去了深入思考和选择的能力。

1、场域边界模糊与单轴运动

布尔迪厄提出"场域"的概念,并明确指出了场域的边界,"场域的边界位于场的效应中止的地方"[17]。参与游戏的人需携带资本入场,很显然,布尔迪厄并不认为全民都有资格参与游戏。电子媒体带给场域前所未有的变化:原先的观众进入了游戏,场域完全成了另一种比赛场地。[18]网民作为网络场域的"节点",不受国籍、民族、性别等传统身份限制,场域内人人享有平等的符号权力。网络场域不同于现实生活场域在政治、经济、文化等方面的相互制约关系。前期现代社会中,政治场域起主导作用。政治场域采取强制手段对经济场域加以干预,而文化场域也是政治意识形态的集中体现,如学校教育对学生进行政治、文化等意识形态渗透。在网络虚拟世界,各领域边界不再明晰,尤其是政治场域对网络场域的干预最小。在这个无边界的开放网络系统中,政治的强制统治手段是无法施行的,人们身份的隐匿是最有效的防御武器。经济场域受到政治场域的干扰极小,因此网络购物逐渐成为人们的主要日常方式。网络文化场域成为网络大场域下的主要力量,为网民提供个人自由选择的平台。

互联网超越时间和空间的局限,加速了跨文化、跨区域传播,使场域不断扩大,如加大行业间竞争和带来跨领域研究新课题等。同时网络场域边界的模糊带来了一系列文化权力问题。按电影的整个制作流程来分类,电影由导演、制片人、编剧、演员、播放平台(如电影院)等一系列场域组成,每个场域有着明确的分工和界限。在网络电影时代,视频播放平台不仅仅充当播放终端的角色,同时揽下了导演、制片人等角色,形成制播一体化。传统媒体和新媒体合力形成场域间的相互渗透,如中国电影集团和优酷网联手出品的网络电影短片系列《11 度青春系列电影》,还有优酷网联手东乐影音和飞利浦打造的微电影短片集《幸福 59 厘米》等。

网络电影有着宽松的制片环境,促使近年来网络视频短片蓬勃发展,电影场域呈多样化、细分化趋势发展。视频网站中版面分类相当混乱,原因是新事物的大量涌现,远远超出了旧有事物的概念范畴,已超出了人们的认识能力范围。由于视频网站的技术限制和上传规则要求,以及契合网民用零碎化时间收看影片的习惯,片子大多较短。影片制作者将影片截成几个片段,逐次上传到网络组成了一个电影系列,并以分集的形式标示出来。如大连理工大学制作的高清电影《雷子》,由 14 集组成,每集片长达 5—10 分钟。从形式上看接近于传统电视剧的分集播放模式。又如 20 集的情景剧《毛骗》，每集长达40—50分钟，影片上传者却将它放在"原创电影"一栏，充分说明网民对网络电影和网络剧的分界缺乏清晰的认识。此外，有的视频网站在栏目分布上将DV和原创两栏并行在一起，造成人们对概念认识上的混乱。DV的命名是从影片拍摄所用的媒介来讲的，而原创是从影片的内容出发的，两者无法截然分开。

从布尔迪厄文化符号理论的场域理论出发，可以用来解释网络领域涌现出的新现象。传统电影场域，只有那些具有专业技能的人才有资格进入。从文化符号学角度观察后现代社会中人的生存方式，它给个人选择和解释留有较大的余地。网民（尤其是播客群体）大规模地参与网络电影的制作、拍摄到播放等全过程，使网络电影迎来了它的发展鼎盛期。由于符号泛滥的危机，当代人越来越倾向于单轴行为，即放弃选择，放弃聚合轴操作，而这一切源于文化元语言的缺损，源于自我的选择和评价标准的丢失。[19]随之而来的问题是，人们在选择影片时，放弃了自己去选择、甄别影片质量的自由，影片不再是经过思考比较后挑选出来的，而是习惯到影片库搜索评分或点击率高的影片，或依赖网站提供的影片排行榜。

2. 惯习与"单轴人"

"单向度的人"是马尔库塞在20世纪中期提出的概念。它产生的背景是发达工业社会，工业机器的一体化流水式作业下造成人的异化，使人失去了生存的自由。[20]而当前社会的异化已更进一步。消费社会已不再满足于物质上的浪费，而是追求符号价值的"符号消费"。消费异化指的是人不得不采用的身份（如符号消费者）把他的自我压迫得变形，使人失去了主体消费能力。[21]以挑选网络影片为例，网络是一个巨大的资源库，影片泛滥成灾已超出了个人选择的能力。人们便自动放弃挑选，或是寻找"替代选择"，或靠现成的组合方式来完成操作。对个人来说，这样直接导致的后果是主体的异化，认识事物缺乏思想的深度，是一个空有躯壳的"单轴人"。

从符号传播过程视角质疑元语言冲突的网络场域受到惯习多大程度上的影响，可以从布尔迪厄对“惯习”的解释中得出。惯习是社会、文化等条件内化的结果，且又运用于实践。布尔迪厄提出“惯习”概念的出发点是人们拥有共同的生活环境，深受群体、社会环境等潜移默化的影响。文化权力的实现是以人们对惯习的认可和接受为前提。网络虚拟世界为人们建造了一个比现实世界更具真实感的场域，其边界是开放的。人们惯习的养成不再仅依靠传统的教育来完成，而是受到多种元语言的冲击，符号传播也随之受到多方干扰。后期现代社会，趋向于在元语言上控制解释方式，文化机制调节的是符号意义，人只是在符号消费的伴随文本网络中“自愿”地站位。[22]网络群体来自全球的不同区域，有着不同的社会环境，接受着不同的文化教育。如果交流双方处在不同的场域或拥有不同的元语言，传播意图若不能被接收者领悟，就无法达到交流的目的。光靠对个体惯习的灌输无法形成文化控制，传播过程也是极为重要的一环。符号传播过程中包含三种意图：发送者意图、文本意图和接收者意图。只有当三种意图达成一致时，信息才能准确地被传送出去。从符号学的元语言阐释理论可得出：符号发送者和符号接收者除受个人理解能力制约外，还受到符号传送时具体语境的影响。若双方处于不同的元语言系统，单从文本读取信息，读者是难以准确把握符号的全部意义的。因此符号传播者在传播符号时，会受到惯习的影响，但更重要的是了解符号接收者的个人智力水平和所处的语境。这种语境包括所处的环境语境、文本元语言和能力元语言等因素。惯习的形成不仅受到人们所处的社会环境的潜移默化的影响，同时表现在与外界互动时吸收的外来文化并加以内化。

3. 符号资本与身份认同

前现代社会，资本掌握在少数人的手中，其中包括阶层统治者、文化知识分子等精英人士，体现着统治与被统治之间的阶层关系。

符号文本选择是一个纵聚合的过程,重挑选。这一过程由少数社会精英完成,大众充当被动接受的角色。布尔迪厄提出的文化符号理论能够洞察文化或艺术现象背后的潜在机制。网络文化代表的是一种草根文化,象征着草根群体的娱乐化狂欢和个性化审美体验。网络媒介场域的开放性使往日被动的受众成为今日场域中最为庞大、最为活跃的群体。在网络虚拟环境中,网络的开放性赋予了网民自由进出网络场域的权利,同时网民拥有自由选择的符号资本,不仅选择轴变宽,而且宽度不断疯长。[23]网民挑选的余地越大,就越看重连接,是一个横组合为主的时代。网络自身的匿名性削弱了政治资本和经济资本的威慑力,网民没有身份、地位、收入等条件的束缚,自由地书写着自己的价值观和审美取向,借助社会资本力量发挥出符号权力。

网民是如何在互动中实现自己的符号权力?关于互动性,纽曼定义为"具有电子媒介化的传播属性,其特点是发送者和接收者对传播过程的控制增加了"。它意味着受众有着更多的自我控制、选择或卷入的更丰富的经验。受众交互性包括互联网搜索、电子投票、参与游戏节目等,它强化了受众成员介入、反馈及选择、接近和使用媒介的能力。[24]大众用投票、点击、购买、阅读观看等形式,通过累计数量作为挑选手段,这种遴选主要靠的是连接。群选电影的方式,实是连接,再连接,是组合轴上的连接操作。[25]接下来以网络电影中的受众互动性为例,分别从网络影评、网络投票和影评排行榜等互动方式出发,挖掘互动传播背后的深层文化符号意义。

网络影评是指网民对一部电影的导演、镜头语言、拍摄技术、剧情、演员等要素进行的分析和评论,属于符号的元文本。影评代表着评论者的看法、观点和态度,通过与他者形成的互动,影响着他者对影片的理解和鉴赏。网络评论按内容长短分为长篇评论和短评论。长篇评论大多来自热衷于电影或电影研究的精英群体,如豆瓣的电影讨论小组等。而短评论多是网民观赏影片时的即时感受,有感而发,未作深入地思考,常出现在和电影同一页面的"评论"一栏,文中研究对象主要是短评论。网民的文化背景参差不齐,造成对影片的审美体验莫衷一是。网络电影评论文本符号主要可以概括为以下几个特点:第一,非语言符号使用较多。如,表情符号(哈哈大笑、鼓掌等)、特殊符号(感叹号和省略号)等,这形象地表达出评论者自己对该片的瞬时感受。第二,大量运用反讽等符号修辞手法,如:"这首歌比忐忑还令人忐忑!"网络影评是考察影片影响力的重要指标,而点击率、打分和网络投票等侧重影片受关注的程度,但它们的互动性是传统媒体所不能及的。网民与影片的互动,不仅给人们以文化满足,更重要的是一种自我认同的需要。个人不再是孤独的个体,他们得到的是找到自我的迷醉,是符号意义充实的欢欣,是一种虚幻满足。[26]巨大的全球化文化演变已渗透整个社会,尤其是当娱乐消费代替了生产,文化民粹主义浪潮的涌来史无前例。影评家逐渐失去了聚合选择轴上的应有地位,采取跟风的形式为大众群选造势,最终造成聚合选择轴的倒塌消失,于是整个文化成单轴化运动。需要深度思考的题材已濒临灭绝,文化将丢失历史,留下无文本身份可依的空洞人格。[27]

四、网络电影遭遇的困境及其发展走向

网络时代注重个人的自由选择,没有约定俗成的"语法",符号大泛滥已到了一个相当大的规模,符号泛滥使我们失去寻找意义的能力与愿望。过分泛滥的符号洪流带来无深度的运作,使"过宽幅回弹窄幅",使个人失去选择,只有靠现成的组合方式度过人生。一旦放弃选择,我们就失去了存在的意义。[28]但如今电影质量高低的评

判标准还仅停留在“眼球数”上，院线电影因商业利益驱使，主要以票房多少衡量一部电影的成功与否。而网络电影主要是靠网络点击率获得人气和知名度，网民海选出的影片，不仅满足了网民的互动需求，增强了网民的自主性，同时满足了网民的心理认同需要。迄今为止，网络电影还未出现成熟的评判机制。院线电影为追求高票房收入，一味迎合大众的娱乐趣味，不断降低电影的艺术价值和道德水准。其原因主要在于院线电影的制作成本高，不得不受制于投资方的经济资本压力，以及来自广电总局等政治场域的严格审查和筛选。但近几年来，政府管理部门对资金准入、产品准入、机构准入等方面大大降低门槛。电影事业各项体制的放开，使网络电影的制片模式呈多样化发展，资金主要通过融资的方式解决，主要有个人投资、风险投资、广告投入等多种方式。

由于网络电影市场的竞争非常激烈，要想获得较高的经济回报，网络宣传是必不可少的。虚拟的生存环境是人们的“第二个人生”，网络水军、网络推手等网络亚群体应运而生，网络造假现象严重影响场域的基本游戏规则。这一网络群体的出现并非偶然，主要是由于网民在网络中缺乏自律造成的，对网络媒体包括网络电影的良性发展会带来极大的社会问题。但网络推手陈墨认为，水军成就不了任何一个网络热点事件，他们从来都只是个工具。其实从某种角度看来，这话没错，水军不可能硬生生地制造话题，而是巧妙地利用或迎合公众的趣味，如道德裁判、民族主义、普遍的不信任心理、娱乐化倾向等，在一个常识匮乏的社会，水军的成功并非偶然。有人企图用传统方式来管理网络，如实名制，但这些做法只是枉然。网络场域的多元化、细分化，使我们难以找到一种有效的方式来控制网络。[29]

网络电影如何摆脱这种困境呢？网络电影应充分利用网络技术优势，在电影制作中融入计算机、网络、图像处理、数字压缩等现代先进技术，不断完善网络电影的评判手段和审美标准，在保留网络电影原有风格特征的同时，吸收其他体裁的表现方式。无论数字时代会带来怎样的技术变化，电影的艺术价值是不会改变的，电影中的技术只是为了更好地表现艺术而存在，技术的最终目的始终是为艺术服务的。从媒介技术看，未来电影不再依靠传统媒介手段，减少使用胶片，而是把数字化影片直接连接到电影剧院或个人家庭剧院。网络电影的接收终端不断多样化，如手机电影，主要突出表达的是网络电影便携、快速的传播方式对内容等制作方式带来的重大影响。只有将对生活的发现和感悟与对技术的深刻理解有机结合起来，才能挖掘出新的艺术形式和表现形态。[30]在传统意义上，体裁形式是文本的型文本和文本身份。网络场域模糊且难以辨认，会导致文本身份的不确定性或互文性，这是需要进一步探讨的问题。近年来，数字技术的发展打破了传统体裁上的严格限制，实现了体裁的出位之思，如网络电影借用网络游戏互动的方式，在网络影片制作过程中与网民形成互动。

网络电影属于低成本电影，电影的观看者中，青年群体占大多数，青年群体中又以在校大学生和边缘群体为主，边缘群体包括打工者、农民、骗子、流浪汉等。电影选材主要包括两个方面：一是围绕大学生的学习和感情生活展开，如优酷网举办的大学生电影节。二是描写边缘群体的工作状态和情感走向，如在各大视频网站同步获得高关注度的网络电影《毛骗》、《傻人大牛》等。《毛骗》描写的是一伙青年骗子如何惩恶扬善，重在突出该群体内心世界的孤独和无助，颠覆了对传统骗子的刻板印象。《傻人大牛》讲述的是农村孩子在城市遭受的种种“骗局”，农村孩子淳朴和善良的形象与现代城市群体冷漠的形象形成了鲜明对比。网络电影的艺术性就在对现实的不断探索、反思中前进。

① 赵毅衡:《单轴人:后期现代的符号危机》,《学习与探索》,2010(4)。

②③⑤⑨⑩⑪⑫⑬⑭ 张意:《文化与符号权力——布尔迪厄的文化社会学导论》,2、6、51、59、71、74、120、129、175页,北京:中国社会科学出版社,2005。

④ 皮埃尔·布尔迪厄:《关于电视》,许钧译,沈阳:辽宁教育出版社,2002。

⑥ 金惠敏:《消费·赛博客·解域化——自然与文化问题的新语境》,《中国社会科学院研究生院学报》,2007(9)。

⑦ 杨艳:《哈拉维女性主义视阈下的赛博科学观》,《兰州学刊》,2009(3)。

⑧ 鲍德利亚:《消费社会》,刘成富、全志钢译,南京:南京大学出版社,2000。

⑮⑰⑱⑲㉑㉒㉓㉕㉖㉗㉘ 赵毅衡:《符号学原理与推演》,372、377、380、381、385、387、388、389、391—392页,南京:南京大学出版社,2011。

⑯ 王仕勇:《网络电影概念与特征探析》,《当代传播》,2009。

⑳ 赫伯特·马尔库塞:《单向度的人》,上海:上海译文出版社,2008。

㉔ 丹尼斯·麦奎尔:《受众分析》,刘燕南等译,北京:中国人民大学出版社,2009。

㉙ 王小乔:《水淹互联网》,《南方周末》,2010年11月。http://www.infzm.com/content/52791.

㉚ 赵鹤玲:《数字技术给电影带来的变革与展望》,河北大学硕士学位论文,2006。

刘吉冬　四川大学文学与新闻学院符号学—传媒学研究中心　邮编:610064

性别身份:自我之枷锁

——巴特勒性别身份理论的符号学解析

◎林　咏

朱迪斯·巴特勒的性别身份理论在解构男女性别的单义性与异性恋的同时,也颠覆了异性恋在当代社会作为一种宰制、义务的性欲特质逻辑。中国第一部直接表现同性恋题材的电影,在形而上的意义上,戏仿、隐喻地展现了同性恋对异性恋的"挑战"场域,使得"异性恋元语言"去自然化,并实现了对"性别身份"这一自我符号本身的颠覆。这一"颠覆",正是对性别"操演"理论的人格化与戏剧化阐释,进而将"自我"从文化建构和文化管控的性别、性别身份、异性恋等范畴的禁锢中解放出来,在观念上还原了"自我"及其欲望的本真存在。

当某人宣称自己是"一个人"的时候,人们会条件反射地意识到:他/她是一个"男人"或"女人"。即首先从此人的生理性别(sex)——男性、女性的二元格局中确定此人在社会组合中的性别归属,建立起其社会性别(gender)。我们知道,自我是一个社会构成、人际构成,在永不休止的社会表意活动中确定自身,确定的途径是通过身份。身份是与符号文本相关的一个人际角色或社会角色。[①]因此,人的性别身份,实际是人的自我在所有符号表意行为中所获得的第一个身份。性别身份,对于处于社会表意活动中的人而言有着本原身份、基础身份的意义。作为人际角色的"自我",似乎天然就是与"人"的性别身份联结在一起,犹如一枚硬币的两面。进一步讲,当人们把"性别"与"性欲望"相结合时,男女两性之间彼此欲望的表达及实践,自然建立起常态格局的"异性恋"框架,或称"异性恋元语言"系统。显然,这里的"性别/性别身份"所包含的生理性别、社会性别以及欲望表达,被毋庸置疑地统一到了一起。然而,性别身份与自我的"自然的一致性"能否受到质疑?性别身份与生理性别、社会性别以及欲望表达形而上的"自然的一致性"能否受到质疑?实际上正是诸如"同性恋"等"非异性恋"范畴,使得所谓的"自然一致性"不再"自然"。并且,在非"一致性"的话语重置中,"性别身份"一词再也难以一举涵盖其内部不同的符号矢量指向,"异性恋元语言"系统将不再稳固,甚至"性别身份"这一自我所选择的符号身份本身,也因此将如面具般面临破裂的危险。

在国际上获得多个大奖,由张元导演,王小波、张元共同编剧的影片《东宫西宫》,是"中国电影史上第一次直接表现同性恋题材的电影……对中国同性恋运动的深入发展起到了推波助澜的作用"[②]。笔者认为就形而上的意义而言,这部电影戏仿性地展演出同性恋对异性恋"挑战"的场域,使得"异性恋元语言"去自然化,实现了对"性别身份"这一自我符号本身的颠覆,解放了"自我",还原了欲望的本真存在。因而这一影片,正好证明了巴特勒的性别身份理论,成为其"操演"(the Performativity)等理论的人格化演绎。

一、生理性别与社会性别

影片《东宫西宫》主要讲述在北京某公园男同性恋聚集地，专抓男同性恋的公园警察史小军（胡军饰）与所抓同性恋者阿兰（司汗饰）共处一夜，前者不自觉地被卷入同性之恋的故事。阿兰是某旅行杂志社作家，常到公园与男同志相会，曾被史小军抓住后放走。随后，阿兰将自己写的书以“爱人”之名寄给史小军。阿兰再次被抓时正逢史独自值夜班，史将其带到公园警察办公室“审问”。阿兰“交代”了自己的恋爱经历，讲述了他与“第一个爱人”、“小学老师”等的故事，史对阿兰虽颇感同情却更愤慨于他的“贱”，但阿兰却否认之并视之为“爱情”。其实阿兰早已爱上史小军，并以“女贼爱衙役”相喻。黎明时分阿兰终于直面史小军真诚道出“我爱你”三个字。史强迫他易装，并与男扮女装的阿兰激情相拥。最后，史小军在迷惑与惊呆中停止了与阿兰的“爱欲”，在晨曦中独自惘然离去。

从异性恋角度看，电影中阿兰的同性恋是真身份，史小军的异性恋是假身份，其深度压抑、隐藏的同性恋才是真身份。史小军最初对阿兰采取逆身份，当他逐渐感知到自我对阿兰的情欲后对阿兰采取顺身份。尽管如此，身份的真假顺逆却并没能解除反而更增加了主人公的焦虑和痛苦，反而令主人公的符号自我完全破碎。而造成这一切的根源，正是主人公的性别身份所赖以建立的基础，即“异性恋元语言”系统。显然，这一系统并非导演专为此电影所设，此系统被人类社会普遍认同，具有天然合法性。深而究之，此系统的建立，来自前文所述人们对生理性别、社会性别的“男、女”二元划分。

众所周知，生理性别是解剖学意义上根据人的生物性建立起来的。根据巴特勒的理论，社会性别是生理上性别化的身体所获取的社会意义，指“对自我的一种心理上，以及/或是文化上的定性”③。

传统上前者决定后者,由此建立起"男性一男人"与"女性一女人"的性别身份模式。但这样的模式恰好导致了电影中主人公的身份焦虑。对于阿兰而言,尽管自己的身体是男性,但他一直渴望被"高大威严的警察"征服,渴望一双"大而残酷的手",这证明阿兰的欲望客体是男人,也就是说阿兰的社会性别是女人。正是生理性别与社会性别在阿兰身上的错位,使得社会对阿兰性别身份上的确定呈现"混乱"状态,难以被纳入"男性一男人"的模式。尽管阿兰自己接受并认同了这样的身份状态,但当他面对人群的否定和唾弃时,焦虑和痛苦油然而生。当然,这并非阿兰的"错"!这样的焦虑是外在于人的性别身份符号造成的,是由上述"性别模式"造成的。

女性主义批评家巴特勒认为应该打破"生理性别"与"社会性别"的镜像关系,并提出,被建构的社会性别身份根本上应该独立于生理性别。因为"如果社会性别是生理上性别化的身体所获取的社会意义,那么我们就不能说某个社会性别……从某种生理性别发展得来","……生理性别/社会性别的区分暗示了生理上性别化的身体和文化建构的性别之间的根本性的断裂。即使我们暂时假定二元生理性别具有稳定性……也不能因此断定'男人'这个建构绝对是男性身体衍生的自然结果,同样'女人'只能体现女性身体","……也没理由认定社会性别只有两种形貌"。[④]对此,维蒂格也有共识,"如果生理性别并不对社会性别有所限定,那么也许会有一些社会性别、一些文化诠释生理性别化身体的方式,完全不受生理性别外观上的二元性所限制"[⑤]。因此真实的情况应该是"男人"这一能指,可以对应女性身体,也可以对应男性身体,乃至其他形态的身体,反之亦然。

既然生理性别/社会性别的"男女"二元的身份模式压制了人的自我,那么由此二元性所建立起的异性恋情欲结构、异性恋文化结构等"异性恋元语言"系统是否也成为人"自我"的异化之物,成为压迫"自我"的符号,导致人压抑、焦虑?答案显然是肯定的。电影中阿兰曾一度深为自己的同性恋身份感到痛苦、绝望。在同性恋圈外他令人不齿,成为警察管制教育的对象;在同性恋圈内又因为他与女人结婚而被人瞧不起。甚至,他被"爱人"(矿区食堂司务长)出卖,遭毒打,他"觉得活着的每一分每一秒都是痛苦"。这一切正是因为,一直以来的异性恋元语言系统,没有给诸如阿兰之类的人留下其欲望存活的空间,没有为"阿兰式"的欲望及其表达创制合法的语法。"阿兰们",注定要被这个系统所排斥!

那么究竟是什么机制使得生理性别转化为社会性别,从而使异性恋元语言系统得以建立呢?这机制正是乱伦禁忌。

二、乱伦禁忌与同性恋标出

福柯指出,"如果我们认为所有文明国家的开端是禁止乱伦,那么性欲从一开始就在法律和权利的支配之下"⑥。巴特勒进一步证明:乱伦禁忌同时产生了被认可的异性恋情欲,以及违反规范的同性恋情欲。也就是说,乱伦禁忌这一生产异性恋性欲的律法,与禁止同性恋情欲的律法是同一个律法。由于乱伦禁忌以维护生殖文化的延续性、维护文化的自我再生产为其目的,异族通婚得以建制,作为异族通婚先决条件的异性恋情欲同样得以建制。乱伦禁忌不仅禁止同一血缘关系的成员之间的性结合,也包含了对同性情欲的禁制。因此,乱伦禁忌成为一种禁律:社会性别不止是一种生理性别认同;它也限定了性欲必须导向异性。性别分工的含义包含了社会性别的两个方面——它创造了男性和女性,并且把他们创造为异性恋。因此,"男性'主体'是一个虚构,是由禁止乱伦,并且强行以一种异性恋化的情欲对它进行无限的移置的律法所生产的"⑦。所以男性之外的性别都不是主体的标记,不可能是一个性别的“属性”。

也就是说,为了服务社会对性欲的管理和控制,文化建构需要强制性地达成这种“异性恋元语言”系统二元关系的一致性。对此巴特勒进行了深刻的分析:第一,只有当生理性别在某种程度上被理解为与社会性别有必然的关系时,性别才能指涉某种有关生理性别、社会性别与欲望的整体经验。即“性别”这一能指统纳三个不同的矢量,指向被建构的、整体性的所指“性别身份”。第二,因此不管是男人还是女人,每一个性别的内在一致性或统一性要求,必须有一个确定的、二元对立的异性恋情欲结构。此结构要求每一个性别化词语必须是单义的,它也生产这样的单义性,构成了性别化的可能性的界限。第三,这样的性别概念不仅预设了生理性别、社会性别和欲望之间有因果关系,同时也暗示欲望反映或表达性别,而性别也反映或表达欲望。这三者的形而上学的一致性,被认定只有在投向异性的一种差异化的欲望里,亦即一种二元对立的异性恋形式里,才能真正地被认识、真正地得到表达。所以,强制性、自然化的异性恋元语言系统,要求并规定性别是一种二元关系,其中男性词语与女性词语有所区别,而这样的区别是通过异性恋欲望的实践达成。

对于乱伦禁忌运作于性别文化的管控实践过程,从文化符号学的“标出性”来进行研究则非常清晰。符号学家赵毅衡在“标出性”文化研究中将标出项称为异项,非标出项称为正项,居于其间非正非异的项称为中项。中项的特点是难以自我界定,无法自我表达,意义不独立,必须靠非标出项表达自身,靠向正项才能获得文化意义。因此,“中项偏边”的非标出项即为正常的“正项”,而“中项离弃”的标出项则被认为是异常的、边缘的“异项”,并且,这一“中项偏边”是任何符号系统标出性的常见特征。⑧

由以上论述可知,为维护“大写的父亲律法”(拉康语),在乱伦禁忌机制的运作之下,文化管控强制性建构出内部有机联系的“性别/欲”文化标出图示——拥有社会宰制权的“男性”为正常的“正项”;而作为其对立面的“女性”为标出的“异项”;在不分性别的情况下,用男性指代全部人,即用词语“他们”(they)加以指代“中项”。如果由此“正项”、“异项”及“中项”图示推及电影中阿兰的惊人之语,那么“我可以是男人,也可以是女人,我可以是任何人”就不会再令人莫名惊诧了。这句话只不过是,在阿兰“男性—女人”的性别身份无法在此图示中确定位置,而阿兰又不愿被莫名其妙、稀里糊涂地指认为“男人”时,他对此性别身份背后所指代的权力结构所进行的话语性反抗。显然,阿兰是对自我性别身份有所自觉的反抗者。

更重要的是上述机制在性欲文化的图示中建立起“异性恋元语言”系统,使得中项代表的大多数人所偏向的“异性恋情欲”成为正项,而中项所离弃的“同性恋情欲”被标出为异项。前者为常态,后者为非常态;前者具有合法性,后者不具合法性——进而被强制性地上打了“恶心”、“龌龊”等道德烙印。

阿兰的同性恋身份正属于非常态的不合法身份。阿兰的焦虑源于他所承受的来自外界的压力,来自社会对他同性恋身份的排斥和否定,即社会对自我、自我对自我的身份认知冲突。不过电影中阿兰向史小军坦然承认自己的同性恋身份,渴望得到史的“爱情”回应,并以诗化的语言将自己的故事娓娓道来,将他的“爱情”描述为“纯洁和楚楚可怜的”。因为阿兰渴望史小军理解他在这种身份中所找到的自我的真实性存在——正如他反问史小军的那样:“如果不是这样,活着又有什么意思呢?”阿兰顽固地盘踞在被标出的“同性恋身份”上,以“爱情”之名坚守,坦然接受自己对同性的欲望,直面自我的本然情欲,并进而代之以纯粹的、诗的语言,来表达,来演绎,对自我的合法性存在进行了话语权的诗性建构。

另一方面,影片也展现了阿兰的受虐欲,无论是胸前被某个“画家爱人”用烟头所烫的伤疤，还是他对史小军的绝对服从，都传达出阿兰通过服从、受苦乃至受虐来感知自己对自我非常态情欲的认同。在“性别/欲”文化的标出性图示中，这种受虐欲正体现出阿兰作为“非主体性身份”的象征，通过绝对的服从、受苦来强化自我在“主体性身份（男性）”面前的有限感、臣服感；也体现出作为异项的“同性恋情欲”对正项的“异性恋情欲”结构性的认同和巩固。而电影中史小军将阿兰这种供羞辱、供摧残的受虐欲，多次愤怒地斥责为“贱”、“你丫就是贱”。

三、“贱斥”与“恐同症”

克里斯特娃认为，“‘贱斥物’指的是那些被驱逐出身体、当做排泄物排出、直截了当被打为‘他者’之物。表面上这是将一类元素驱逐出去，但是异类物实际上是通过这个驱逐行为建立的”[9]。巴特勒将此用于对性别身份问题的讨论，指出人类世界正是通过与那些“非人类”、“贱斥者（the abject）”的对比反衬而建立起来的，它们不能被划入两种性别之一的身体不属于人类的范畴。艾里斯·杨进一步运用贱斥理论分析了性别歧视、恐同症等，“这是一种‘驱逐’，它带来‘厌恶’的结果；它依照性别/种族/性欲/的分化轴线，建立并巩固文化上的霸权身份”[10]。因此阿兰的“贱”由于其性别身份上的“不可能”和“同性恋情欲”，而成其为自然。阿兰的“贱”在“异性恋元语言”系统中没有被语言所表达，因而没有其位置，阿兰被此元语言系统直接驱逐在外。被“贱斥”的阿兰，只有当其被放置于整个“性别/欲”文化的标出性图示的全域之中时，才能发现其被边缘化的位置——“同性恋”。所以“同性恋”身份（异项）的存在，在整个文化的场域中，是一种被“异性恋”身份（正项）所驱逐和排斥的身份。

但是，惟其“贱斥”，异性恋（正项）才能与同性恋（异项）区别并靠同性恋（异项）得以建立，异性恋（正项）进而靠同性恋（异项）得以强化。由此可推知，“贱”这一语词的表达，深深地掩藏着异性恋（正项）对于同性恋（异项）的“厌恶”和“恐惧”。

故此，影片中真正具有戏剧性的人物并非阿兰而是史小军。与其说史小军的“警察/异性恋”身份压制阿兰的“违纪者/同性恋”身份，不如反其道而行之，视阿兰“同性恋/违纪者”身份挑战史小军“异性恋/警察”身份。二者建立起的标出性图示显而易见：史小军及其身份为正项，阿兰及其身份为异项；前者具有权力性，后者具有反权力性。双方双重身份建立起的对峙场域正好成为“异性恋元语言”系统遭受挑衅和破坏的隐喻性场域展现。这种挑战姿势，通过他们话语“交流”的符号化过程得以实现：史小军问者的身份即发送者，成为真正的被动者；阿兰答者的身份即接收者成为主动者。“当发出者从接收者那里接到反方向传来的自己的信息……正是我的问题把我构成为主体……构成自我的是我的问题。”[11]

史小军的同性恋欲求深藏于心，构成他最真实的自我，呼之欲出。史小军第一次抓到阿兰，以“你是路过这里吧”为之开脱，却被阿兰否认。接着阿兰猝不及防地亲史小军一口之后，欢快地跑开，这令史小军惊诧不已，同时内心为之触动，眼里渗出泪花。再次被史小军抓到时，阿兰非常欣喜，因为终于圆了他童年以来“被警察抓走”的梦。在警察办公室，史小军说“这几天我一直在找你”，却被阿兰“不知道你为什么找我”给问住。这证明卸去警察和异性恋身份的史小军，在他的原初自我里面本身就存有对阿兰，即对所谓的“同性恋情欲”的呼应与欲求、寻觅与应和。

符号学认为身份是与对方相关的一个社会角色，是自我在社会表意活动中所采取的人际角色。而此“深夜公园办公室”的场景，使得平日里史小军“警察”身份与“异性恋”身份等的自我认同、外在巩固都趋于涣散状态。而史小军此时的自我只需要在所面对的阿兰面前采取某种身份即可。究竟采取哪种身份?这造成了史小军的困惑。于是我们看到史小军的各种身份的戏剧化表演:深度隐藏的与阿兰同性恋身份相呼应的同性恋身份,使史对阿兰既理解又疼惜;但一经觉察,表层的警察/异性恋身份立即站出来猛烈呵斥阿兰,压制阿兰——实则为:猛然警醒的史对自我及其权力身份的行将丧失的不断提醒。所以史小军时而怒斥阿兰,时而又静心倾听;时而"身份"遮蔽"自我",时而"自我"驱逐"身份"。史小军"深度自我"[12]与"身份表演"所构成的张力,正是被赋予人格的"异性恋元语言"受到"同性恋话语"挑战时呈现出的"震怒"和"震动"。电影文本的中间部分正是将史小军"警察/异性恋"身份从对权力的"象征",到"引用",以至于后来完全"解除"的过程的细腻生动的展现。

从形而上层面来看,史小军的自我在不知不觉中进入了阿兰通过话语所重建的同性恋情欲的场域,并不断被此场域潜在的召唤结构所召唤,进而融入这一场域之中。所以"贱"正是史小军对其自我同性恋身份的在场的形而上呼应。史小军不断使用"贱",借以表达他对阿兰同性恋身份的无限厌恶,用言语对此加以鞭笞。同时,这更揭示出史对于阿兰同性恋身份的万分恐惧。史隐约感觉到它对自己权力身份所构成的威胁,他万分惧怕自己的权力将逐渐溃散,因而极力"贱斥"之以强加维护。然而史越是维护此"警察/异性恋"权力,越发显示出此权力行将就木的必然趋势。由此可知,史小军不断"贱斥"阿兰,其强烈的"恐同症"揭示出史小军的自我中对所谓的"同性恋情欲"的强烈需求,以及他的自我对这一"需求"的强烈恐惧。因此,"贱斥"与"恐同症"所导向的"需求"与"对需求的恐惧"这对矛盾,恰好在经验层面证明:经文化管控策略所建构出的"异性恋情欲",其结构上具有脆弱性,"异性恋元语言"系统本身具有虚假性。电影后半部分,史小军企图以"扮装"来化解自己"需求"与"恐惧”之间的矛盾，但事与愿违，其结果反而令他陷入更深的精神泥潭而难以自拔。作为一种隐喻，这部分的电影文本，在形而上的层面直接“颠覆”了“异性恋元语言”系统本身。

四、“扮装”与“颠覆”

影片后半部分，史小军主动解开阿兰的手铐放他走。半晌，不忍离去的阿兰回到长廊与史小军再次相对。史小军放走阿兰，意味着他主动解除彼此之间身份的第一重权力关系即“警察－违纪者”关系。当二者再次面对时，剩下的仅仅是“异性恋－同性恋”的二元身份对峙。此时阿兰鼓足勇气表达自己对史的爱欲，说出了“我爱你”三个字，却令对方措手不及。作为传统异性恋权力的维护者、引用者史小军，他的观念里没有“男人－男人”的非异性恋欲望表达言语，因此他需要强行将这一表达置换到异性恋情欲结构中，转换为“男人－女人”的二元对立，才能在“异性恋元语言”系统里找到合法的性欲望的表达言语。这一语境重置策略在电影中表现为：史小军以异性恋的身份霸权威胁阿兰，并以暴力强迫阿兰穿上女装，企图通过“男扮女装”来“还原”阿兰的“女人”身份，“还原”史与阿兰的异性恋情欲。但是，阿兰自身的“男性－女人”身份及其所建立的“男人－男人”同性恋情欲，超越于男女性爱的二元格局之上，超越于使性别身份达成一致的强制性的“异性恋元语言”系统之上。阿兰在社会合法性认同之外，没能符合支配文化可理解的规范，只能是“发展失败的例子”（福柯语）。在传统语言系统之外的阿兰，正是弗洛伊德所谓的无法达成生殖性欲规范的、“具有相反的性感受”的“性倒错者”[13]，恰因其超越性别范畴的同性恋情欲而对此规范具有突破力量。准确地讲，不是阿兰这样的人，而是阿兰这样非合法性身份的身份,对此强制性的文化管控框架具有颠覆性。

颇具戏剧意味的是,阿兰的颠覆性以绝对服从的面貌呈现。仿佛某种宗教仪式,阿兰穿上女装,绝望地抹上口红,化上妆,神情凝重,以最大的虔诚和庄严来祭奠自我对"男人"身份的被迫放弃、对"女人"身份的被迫接受。史小军声称为阿兰"治病",将扮装后的阿兰强行拉到后院,以释放自己压抑已久的情欲。但剥去阿兰的上衣后,他在阿兰的男性身躯前,呆若木鸡。因为此时的阿兰,"我的'外在'面貌是女性,但是我'内在'的本质[身体]是男性。它同时又象征了反向的倒错;我的'外在'面貌[我的身体,我的性别]是男性,但是我'内在'的本质[真正的我自己]是女性。……这两个关于真相的宣称互相矛盾,因此使得整个性别意义的演绎脱离了真实与谬误的话语"[14]。此刻,阿兰温柔的一句"你什么都问过我了,你为什么不问问你自己呢",令史陷入茫然……

阿兰的"扮装"正好对巴特勒的性别"操演"理论(the Performativity)进行了人格化、戏剧化阐释:"性别化的身体是操演性的,这表示除了构成它的真实的那些各种不同的行动以外,它没有什么本体论身份。"[15]"性别"实质上只不过是文化管控在身体符号上所施与的各种姿势性的表演,性别身份的假定只不过是文化管控性的虚构性结果。"这样的操演特性致使性别设定增衍而超越男权统治和强迫异性恋的限制框架。"[16]既然如巴特勒所说,人的性别是一直以来文化所致的姿势性操演,那么,如果解除其操演则能使性别/身份"去自然化",就能使得经由性别身份操演所建构的"异性恋元语言"系统去自然化。

从"性别/欲"文化标出性图示来看,史小军(正项)本来打算以其"男人"身份,在重置的"男人一女人"异性恋话语中行使欲望权力,将此时的阿兰(非异项)纳入异性恋情欲(正项),为其"治病"使其变为具有合法性的"女人"。但是当史小军面对因"扮装"而"性别/性别身份去自然化”的阿兰时，却感到异常怪异，在他眼中此时的阿兰非男非女、亦男亦女，难以用单义的“男人”或“女人”的言语加以描述，其性别身份也难以在对立的二元项中被确定，这令史小军倍感困惑。进一步而言，此时的史小军面临三重困境：第一，难以确定阿兰的性别身份；第二，难以与对方无名的性别身份相区别，并由此建立起自我的性别身份归属；第三，难以接受现今本然留存于自身的欲望却无以称名、进而无处表达/实践的事实。在性别身份与异性恋元语言的双重丧失中，史小军濒临自我性别身份和自我欲望的话语性崩溃，这最终导致了史小军的自我存在的彻底崩溃，即存在性安全感的丧失。而影片中史小军对此危机有所自觉，所以最后的镜头是：在阿兰的注视下，史小军惘然离去，留下孤寂、迷惘的背影。这正如查尔斯泰勒所述，“存在性困境”缘于“对无意义的恐惧”[17]。

阿兰打破了异性恋的重置语境，由于阿兰性别的去自然化，身体仅作为欲望实现的场域，而解除了男人、女人的性别身份的单义性定位，呈现出没有性别意义的身体和没有性别身份的自我。由于失去了“男/女”的二元对立的词组意义，所以阿兰与史小军的欲望就超越于“异性恋元语言”所统御的系统，也就无所谓异性恋/同性恋之二元身份对立，无所谓异性恋情欲/同性恋情欲之二元结构对立。由此实现的“异项”对“正项”的瓦解，其实质是对“异性恋元语言”系统的瓦解，最终使得“异性恋”去自然化。从而，“性别操演理论”说明，男、女性别及性别身份的二元划分，及其所导向的“异性恋元语言”系统，并不是天然具有一致性的，这样的一致性是由于文化再生产的需要，并通过文化管理控制而强行建立起来的，体现出“异性恋”霸权的强制性。

影片《东宫西宫》表达了张元和王小波对于同性恋问题的思考，对于“权利与隐私”[18]话语的对峙性思考。电影中的阿兰，赋予本然的欲望以升华的、诗性的“爱情”之名，以其宗教性的谦卑和服从，不自觉地实现了“所谓的同性恋”对“所谓的异性恋”的身份颠覆。将此影片作为文本隐喻,投射到“性别/欲”文化的标出性图示中,即是实现了“异项”对“正项”的颠覆。而这样的颠覆过程正是对性别二元对立、异性恋元语言去自然化的过程,也是对巴特勒“操演”等性别身份理论的人格化、戏剧化阐释。这一颠覆,使得“自我”从文化建构和文化管控的性别、性别身份、异性恋等范畴的禁锢中解放出来,在观念上还原了“自我”及其欲望的本真存在。

---

①⑧ 赵毅衡:《符号学原理与推演》,346、285页,南京:南京大学出版社,2011。

② 杨晓林:《叛逆·困惑·回归:中国新生代电影比较研究》,298页,上海:上海书店出版社,2009。

③④⑤⑦⑨⑩⑭⑮⑯ 朱迪斯·巴特勒:《性别麻烦——女性主义与身份的颠覆》,宋素凤译,31、8、146、38、174、175、179、178、185页,上海:上海三联书店,2009。

⑥ 米歇尔·福柯:《性史》,第一卷,黄勇民、俞宝发译,99页,上海:上海文化出版社,1988。

⑪ Jacques Lacan, *The Language of the self*, Baltimore: Johns Hopkins University Press, 1968, p62、63.

⑫ 关于“深度自我”的定义,参见 Norbert Wiley, *The Semiotics Self*, Chicago: University of Chicago Press, 1955, p26.

⑬ 西蒙·弗洛伊德:《性欲三论》,赵蕾、宋景堂译,12页,北京:国际文化出版公司,2000。

⑰ 查尔斯·泰勒:《自我的根源:现代认同的形成》,韩震、王成兵等译,22页,南京:译林出版社,2008。

⑱ 程青松、黄鸥:《我的摄影机不撒谎》,123页,北京:中国友谊出版社,2002。

林 咏 四川大学文学与新闻学院博士研究生 重庆邮电大学传媒艺术学院讲师 邮编:400065

文艺中作为符号的"红"

——"红歌"之"红"的文化研究

◎连　颖

当"红"被填加在各种文艺形式之前的时候,这个字究竟意味着什么?近两年来在全国各地的文艺活动中,"红歌"再度唱响,在建党九十周年的时刻,全国各地再次掀起唱红歌的高潮。但如果进行一个历史追溯的话我们可以发现,"红歌"一直在民众中有广泛的影响,并不是因为纪念建党才唱红歌,而是纪念建党利用了久已流传的"红歌"!正如一些学者所指出的:"红色经典在90年代中期(毛泽东百年诞辰之后)又逐渐地出现在中国文化舞台上。这一次重现,开始并不是国家机器的推动,而是民间自发和新兴的商业性大众文化产业的合作。"[①]而这些合作把"红"当做自己的符号!这个符号的内涵是什么?关于红歌的概念,有很多研究者给出了定义。如余伯流认为:"红歌,即红色歌谣,是中国革命战争的产物。"[②]唐应龙、曹量认为"狭义的红歌则特指'红色革命歌曲'"[③]。再如张胜良先生的"红歌,即红色革命歌曲,主要指'五四'以来中国各历史时期的革命歌曲,如红军歌曲、抗日歌曲、解放歌曲、社会主义时期和改革开放以来的各种健康进步歌曲，此外，还包括世界各国革命经典歌曲（如前苏联歌曲）”[4]。又如李皖认为：“红歌，现在叫这名称，以前的叫法——革命歌曲，无产阶级大众歌曲，健康文艺歌曲，一般指中国共产党成立后迄今，具有革命精神、马克思主义世界观的歌曲。”[5]这些定义都没有深入到美学特征的角度去认识“红歌”之“红”。“红”之所以能够成为一种“符号”，首先是一个价值信念问题，其次是一个风格问题，而后是一种效果。正是在这三个层面，“红”变成了文艺中的一种符号。

作为一种价值信念的“红”

红歌之“红”体现在那里？“红”实际上是对一些歌曲在内容与旋律上的一些特性的形象化表达，那么“红”体现在哪里呢？这关系到红歌的价值追问及其在意识形态上的倾向性。笔者认为，红歌的价值倾向源自毛泽东同志《在延安文艺座谈会上的讲话》一文中所表达的文艺观，只有当歌曲体现出了党的文艺观之后，才有可能成为“红歌”。因此党的文艺观实际上是红歌的尺度与根据。

党的文艺观来自毛泽东思想在文化领域内的贯彻与体现，是以毛泽东同志为核心的党的第一代领导人对文艺的根本看法的总结与归纳。文艺是革命斗争与解放斗争的一条战线，这是毛泽东同志文艺思想的根本出发点。党的文艺观产生之时，时代的基本任务是革命，是民族独立和人民解放，这是高于一切的最高任务，因此一切社会活动必须围绕革命展开，文艺活动当然也不例外。文艺作为革命斗争的一条战线，它也必须围绕革命斗争的最高任务展开，这是党的文艺思想的根本出发点，也是毛泽东文艺思想体系的基石和灵魂。以此为依据，我们把党在这一时期的文艺思想概括为——“革命的文艺”。

革命的文艺是在以下几个方面展开的:第一,从文艺的服务对象来说,文艺为工农兵服务。毛泽东同志说:“我们的文艺,第一是为工人的,这是领导革命的阶级。第二是为农民的,他们是革命中最广大最坚决的同盟军。第三是为武装起来了的工人农民即八路军、新四军和其他人民武装队伍的,这是革命战争的主力。第四是为城市小资产阶级劳动群众和知识分子的,他们也是革命的同盟者,他们是能够和我们长期合作的。”[6]从文艺所服务的四个对象来看,是依据他们在革命斗争中的地位确定的。第二,革命文艺的任务是提高革命者的战斗力。“现在工农兵面前的问题,是他们正在和敌人作残酷的流血斗争,而他们由于长期的封建阶级和资产阶级的统治,不识字,无文化,所以他们迫切要求一个普遍的启蒙运动,迫切要求得到他们所急需的和容易接受的文化知识和文艺作品,去提高他们的斗争热情和胜利信心,加强他们的团结,便于他们同心同德去和敌人作斗争。”[7]一句话,文艺为革命斗争的主体服务。第三,文艺必须在党的领导下,文艺必须体现出“党性”。这种党性首先体现在:党是革命斗争的组织者和领导者,党是民族利益和人民利益的忠实代表,文艺作为革命斗争的另一条战线,就必须在党的领导下。

革命文艺的第四个展开方面是“文艺服务于政治”。这是从革命的功利主义角度对文艺的定位。“文艺是从属于政治的,但又反过来给予伟大的影响于政治。”这就是说,文艺一方面受政治的约束和引导,一方面又是政治的不可缺少的一部分。“革命文艺是整个革命事业的一部分,是齿轮和螺丝钉,和别的更重要的部分比较起来,自然有轻重缓急第一第二之分,但它是对于整个机器不可缺少的齿轮和螺丝钉,对于整个革命事业不可缺少的一部分。如果连最广义最普通的文学艺术也没有,那革命运动就不能进行,就不能胜利。"[8]而"革命的思想斗争和艺术斗争,必须服从于政治的斗争,因为只有经过政治,阶级和群众的需要才能集中地体现出来"[9]。

革命文艺的第五个展开方面是文艺批评的政治标准和艺术标准的结合。"按照政治标准来说,一切利于抗日和团结的,鼓动群众同心同德的,反对倒退、促成进步的东西,便都是好的;而一切不利于抗日和团结的,鼓动群众离心离德的,反对进步、拉着人们倒退的东西,便是坏的。"[10]这就是文艺的政治标准,这也是革命文艺的革命性的体现。

以上五个方面构成了党的文艺观的主体,而这也正是"红色"文艺的价值论根基,文艺中的"红"实际上是对这一价值理论的指称,这才是符号的所指,而这一所指并不是静止的,它也有其历史发展。

新时期以来,社会主义事业的核心有了变化,这对文艺也产生了新的要求,江泽民同志指出,文艺必须"保持自己的社会主义性质",这种社会主义性质就成了"红"的基本内涵。"在文艺工作中坚持党的基本理论、基本路线和方针政策,坚持正确的创作思想、多出精品、把美好的精神食粮贡献给人民,郑重地考虑作品的社会效果,旗帜鲜明地反对资本主义和一切剥削阶级腐朽思想文化的侵蚀、反对'一切向钱看',旗帜鲜明地鼓舞人们为壮丽的社会主义现代化建设事业而奋发进取,这就是马克思主义政治对文艺工作者的基本要求。"[11]在这一论断中,价值理想和艺术的社会效果成为"红"的主旨。同时,文艺必须保持"民族特色",文艺必须能够"提高民族自尊心、自信心和抵制殖民文化的侵蚀"。在这一命题中,文化之中的民族主义也成为"红"的一个方面。最后,江泽民同志提出了"宏扬主旋律",要求"文艺工作者要努力在自己的作品和表演中,贯注爱国主义、集体主义、社会主义的崇高精神,鞭挞拜金主义、享乐主义、个人主义和一切消极腐败现象"。把"无比丰厚的精神遗产与先驱们的英名连在一起的民族文化的优秀传统特别是革命文艺传统,是中国社会主义文艺的巨大宝藏”。这些理论主张，实际上构成了红歌之“红”在当代的理论依据，只要体现出党的革命文艺的基本思想，或者体现着新时期以来党要求弘扬民族文化，贯注爱国主义、集体主义、社会主义的崇高精神，鞭挞拜金主义、享乐主义、个人主义和一切消极腐败现象的歌曲，都可以称之为红歌。本来建立在意识形象角度的“红”扩展到了民族文化领域，并且成为一种效果的要求。

作为一种艺术风格的“红”

学术界对红歌以及与其相关的文艺产品（统称“红色经典”）的认识，一般是从文化研究的角度将其定位在“执政党确立自己革命文化霸权或领导权的主要产品，其大规模的生产是为国家利益服务，为国家统治的意识形态合法性服务”。这种观点有其合理性，但也有片面性。“红歌”之“红”，首先在于其意识形态性，但并不仅仅在此。党的文艺观作为红歌之“红”的规定性，也决定了红歌独特的艺术风格，首先是主题问题，然后是形式问题。

从主题的角度来说，红歌有其相对稳定的主题域。第一，红歌的对象是劳动人民，它必须采取劳动人民所喜爱的形式，歌唱劳动人民的生活、劳动人民的情感。这是文艺为工农兵服务这一宗旨的体现，歌曲吟唱的对象是劳动阶层，是他们的情感与他们的生活，而这一特性也决定了红歌的形式，红歌基本采用的是民歌形式。第二，红歌必须是战斗者的歌，它的目的是提高他们的斗争热情和胜利信心，加强他们的团结，便于他们同心同德去建设、去创造，因此红歌必须是饱含热情和充满自信的。第三，红歌必须是体现党性的歌曲，歌颂党，歌颂人民，歌颂群众，歌颂党的领袖，增强党的凝聚力，增强民众对党的情感，这是红歌的根本特色。第四，红歌有鲜明的意识形态性与政治性，是对党的方针、政策、理论主张的弘扬与传播，是以歌曲的形式唱出的时代精神，它是音乐化了的时代的主旋律，它体现着党在一个时期的革命主张与主导政策。第五，红歌的追求，首先是“红”，而“红”不仅仅体现在意识形态性上，同时还是一种道德功利追求：凡歌唱美好情感、鼓舞人民前进、歌颂社会进步价值观的，就是好的，反之就是不好的；凡体现社会主义社会价值观的，体现集体主义精神、奉献精神的，就是好的。红歌中不乏歌颂美好生活、歌颂家乡、歌颂祖国的作品，和谐幸福安康的生活成为歌曲所唱出的社会理想。同时歌颂英雄烈士，歌颂劳动标兵，歌颂人民领袖也体现着社会主义的道德理想。这两种理想在新时期以来，被认为是文艺的主旋律，而“红歌”实际上就是这种理想的旋律化。

“红歌”在歌曲创作上，采取了人民最为喜闻乐见的形式，它的创作源泉是民歌，这就决定了它为普通老百姓所喜闻乐见。从井冈山时期的江西民歌、延安时期的“信天游”，到祖国解放和改革开放的满怀豪情，不同时期不同地域的民歌构成了“红歌”多样化的风格，不同地域、不同民族的人民都能在“红歌”里找到属于自己的音调。这就使得“红歌”具有广泛的群众基础。红歌在音乐艺术方面具有鲜明的表现力，体现在以下几点：

1. 旋律、节奏简约明快。由于红歌具有鲜明的爱憎情感，明确的政治立场和态度，往往以直截了当的叙事抒发感人的力量和情怀，具有很强的群众性，因而歌曲的旋律或节奏大都简约明快，宜于传唱和普及。“红歌”既是艺术家创作的作品，更是人民大众创造的艺术，是平民百姓真情实感的表达。因此，无论是“红歌”的词还是曲，都显得简洁、单纯、明畅、优美。不论是慷慨激越的豪迈歌，如《没有共产党就没有新中国》、《社会主义好》、《歌唱祖国》等，还是赞美祖国的山川、歌颂伟大的祖国、讴歌人间真情的抒情歌曲，如《我的祖国》、《十送红军》、《唱支山歌给党听》等，其旋律均简约流畅，清丽婉转，朗朗上口。

2.曲式结构简单明了。从曲式结构上看，大多数"红歌"都是由两句或四句组成的乐段结构。这种运用前后重复、呼应、对比等较为简单的创作手法，建立在"起、承、转、合"逻辑关系上的"四句头"，经民众的反复咏唱，原本通俗易懂的音乐变得更易于记忆和流传，如《太阳最红毛主席最亲》、《映山红》、《东方红》等。红歌这种结构的形式美，不仅体现出歌曲源自民歌的艺术特色，更揭示了其扎根于大众，是一种具有鲜明的民族性的传唱艺术。其口语化、生活化、集体化创作的特性，体现了中华民众的集体智慧和中国民族歌曲的美。而质朴是民歌最主要的特色，来自民歌的"红歌"不仅继承了这一特性，而且将其发扬光大。以直截了当的叙事抒情发挥感人的力量，闪烁着艺术光芒。

3.表现形式及风格的多样化。由于红歌的质朴，使得它可以被各种音乐形式改编，在音乐形式上红歌本身具有开放性，而红歌又是在不同时代被传唱的，要实现红歌的意义，就需要我们去歌唱、去表演，从而表达出红歌的开放性，体现出红歌的时代精神。因而从红歌的器乐表现形式（配器）上，可以用民族乐队伴奏，可以用管弦乐伴奏，也可以用电声乐队甚至于摇滚乐队伴奏，甚至纯粹的器乐演奏；从红歌的声乐表现形式上，可以采用民族唱法、美声唱法、通俗唱法、原生态唱法等各种唱法，也可以采用独唱、重唱、齐唱、合唱等各种形式。比如老年人可以用民族唱法，青年人可以用通俗唱法，少数民族还可以用原生态的唱法。真可谓是"不拘一格唱红歌，中西合璧多样化"。例如歌曲《东方红》和《山丹丹花开红艳艳》即可融美声、民族和原生态唱法为一体，可以独唱、重唱、合唱，甚或舞台音乐剧等为不同表演形式，演绎多元的艺术风格，体现多样的艺术内涵。

4.进行曲在红歌中占主导地位。进行曲是一种富有整齐步伐般的节奏感的歌曲。进行曲由于其审美特点，特别是它在革命战争年代和生产建设年代的普遍使用，几乎成了红歌的基础性音乐形式。进行曲产生于军队的战斗生活，用以鼓舞战士的斗争意志，激发战士的战斗热情，后来人们在社会生活中也常采用这种体裁来表达集体的力量和共同的决心。雄劲刚健的旋律和坚定有力的节奏是进行曲的基本特点。这些特点在中国红歌中得到了淋漓尽致的发挥。

5.红歌在内容上具有鲜明的时代性。前面我们指出，体现了党的文艺观的歌曲才是红歌，党的文艺观本身经历了一个过程，它既具有内在的统一性，也具有时代的倾向性。产生于不同年代的“红歌”，无论是旋律还是歌词都非常贴近生活。其歌词内容固然反映了不同时代的革命、建设与生活实践，呈现出特定的时代性；其旋律也莫不反映那一时期的真实生活和精神状态。如战争年代的《小放牛》、《游击队歌》、《东方红》等，建设时期的《我的祖国》、《翻身农奴把歌唱》、《十五的月亮》、《祝福祖国》等。红歌的这些艺术特色，使它区别于其他音乐艺术，具有一般歌曲形式所不具有的对时代的鲜明的反映性，这就使得它也具有强烈的宣传功能和独特的社会教育功能。

作为一种效果的“红”

在都市化进程中，都市人的心灵焦虑已经成为时代的常态与阴影，随着现代媒介的发展，信息迅速传播，时间和空间都缩短了，每个都市人都会在貌似自由的世界里感到迷失自我，对于当代都市人来说，内心的生存焦虑和个体的孤独感是必然的。在市场经济下，金钱渗透到了人与人之间的交往之中，并逐步成为交往的基本尺度。正是在这样一个大背景下，都市人会对集体、对人生的终极价值、对于理想，有更深切的渴望，在放纵式的宣泄之后，也有对积极价值与信念的诉求，这种诉求如果能够以审美或以娱乐的方式得到满足，那对于都市人的心理健康和正确的人生观念的树立方面，必然会起到积极的促进作用。从都市人的音乐选择来说，当下的流行音乐和西方古典音乐，不足以满足他们的这种精神要求，而红歌在满足这一精神要求的过程中，有其独特的功能。

新时期以来，各种社会思潮和新的娱乐形式不断挑战着传统审美观。解构主义使美和艺术丧失了应有的崇高地位；在拒绝深度、提倡平面化的口号下，艺术与美降为肤浅的装饰；在解放感官的呼声中，刺激肉欲成了艺术生产的目的、获得利润的法宝；在审美泛化的鼓吹中，审美变得粗糙与功利；在娱乐至死的标举中，形形色色的恶俗充斥我们生活空间的每个角落；等等。这是需要去对抗的。红歌就是对抗这种大众娱乐与大众文化生产中恶的部分的一种手段。“红歌”让人在追忆那些为民族独立、人民解放、国家富强和社会进步而奉献青春热血乃至宝贵生命的英雄的同时，生发出一种豪迈的英雄气概，激励人们奋发向上，从而把都市人从迷惘与麻木中唤醒。同时也是对当代人的正面积极的人生观念的鼓舞。“红歌”中所包含的爱国主义情操，积极正确的人生态度，为理想和事业勇于斗争、不怕牺牲、大公无私、团结奋进的精神，是对社会责任感淡化，个人主义、拜金主义、享乐主义的对抗。因此，传唱“红歌”能够促进青年人形成高尚的道德品质，并产生巨大的行为力量。所以“红歌”既是宣传革命精神和爱国主义精神的绝佳载体，也是进行审美教育不可多得的好形式。

一方面是都市人精神生活的需要，另一方面，红歌在其内容上的道德理想主义，特别是对社会主义道德价值观的弘扬，使其具有强烈的社会教育功能。吟唱总比说教有效。红歌在内容上的集体主义信念，积极进取、勇于斗争、牺牲小我、为社会主义事业奋斗终身的信念和人生观，对于当代人来说，具有积极的指引作用。红歌也代表着老一代人曾经的理想和集体记忆，而当代人则能在红歌声中重新认识和理解这种理想。吟唱这些歌曲和阅读《钢铁是怎样炼成的》、《牛虻》、《铁流》等作品具有同样的效果。

从文化心理的角度来说，中华民族正走在复兴之路上，现在需要青年一代对国家和民族有情感上的认同，而这种情感认同应当以艺术化的、普及化的方式唤醒，歌曲在这一过程具有符号性的作用，比如在奥运期间，在救灾期间，一些红歌就成了这种认同的表达方式。歌唱祖国，歌唱五星红旗，歌唱新时代……红歌在增强民族凝聚力、民族自信心和自豪感上，具有不可替代的作用。

红歌所采取的进行曲式，对于振奋人心、鼓舞斗志、团结奋进来说，都具有不可替代的作用。在大型的集体活动中，特别是群众活动和工程建设活动中，在号召民众积极参与、勇往超前的宣传活动中，红歌都具有符号性的与基础性的作用。它可以使人们从个人主义的自我沉醉中走出来，从狭小的个人空间里走出来，融入集体，精神昂扬地参与公众生活，这是红歌能够起到的功能。

任何一个符号，其能指都和其所指之间形成了一种象征性的关系，尽管符号往往有其独立的意义，但只有分析其所指，才能理解其能指。“红”之所以能够成为当代中国大众文化主色彩之一，除了党旗的颜色之外，更是一种风格与效果的符号化，“红”不仅仅是一种要求，也是一种需要，这才是它成为一种“符号”的原因。

---

①⑫ 刘康：《在全球化时代再造红色经典》，《中国比较文学》，2003(1)。

② 余伯流：《传承革命精神的艺术瑰宝——略论中国红歌的历史轨迹及其深远影响》，《声屏世界》，2008(2)。

③ 唐应龙、曹量:《红歌的历史与历史的红歌》,《贵州大学学报·艺术版》,2011(3)。

④ 张胜良:《论中国红歌会的兴起》,《作家杂志》,2008(1)。

⑤ 李皖:《红歌的政治美学》,《南方周末》,2011 年 6 月 9 日。

⑥⑦⑧⑨⑩ 《毛泽东论文艺》,43、54、54、55、56—57 页,北京:人民文学出版社,1992。

⑪ 以下引文凡未注明出处,皆引自江泽民同志《在第六次全国文代会和第五次全国作代会上的讲话》。

连　颖　上海师范大学谢晋影视戏剧学院副教授　邮编:200234